W0233865

Bernhard A. Eckerstorfer
Momentaufnahmen

Bernhard A. Eckerstorfer

MOMENT
Gedanken und Begegnungen
AUFNAHMEN
eines Benediktiners

Tyrolia-Verlag · Innsbruck-Wien

Inhalt

Vorwort 7

Klostererfahrungen 11
Morgenroutine 12
Audienz für die Gedanken 14
Zu einem war er nicht fähig 15
Von der Ablenkung zur Konzentration 17
Die Welt, wie wir sie sehen 18
Warum ich Gott manchmal nicht verstehe 19
Wer soll mich prägen? 20
Was die Seele nach oben führt 22
Ich – ein Fußballfan?! 24
Die Schnur 25
Ein Gebet fruchtbar machen 26
Pater Bernhard 26
Unter Bauarbeitern 28
Studenten stürmen Klöster 29
Katholisch 30
Ordensgewand für eine Minute 32
Die Botschaft des Kreuzgangs 33

Vom geistlichen Leben 37
Merci 38
Geistlich leben – überall 39
Chinesische Verklärung 40
Als Mönch im Bahnhofsbistro 42
Angegriffener Glaube 45

Gehetzt 46
Dünger aus meinem Mist 48
„Bilderbuch" 49
Der Kardinal und die lärmenden
Maturanten 51
Das Erbe von Mutter Teresa 52
Tatort Traunsee: Mission von unten 56
Ökumene – eine Sache von gestern? 59
Von Muslimen beten lernen 60
Für die Ewigkeit 62

Grenzerfahrungen 63
Sich selbst organisieren lernen 64
Wenn man erschöpft ist 66
Der Terminkalender, mein Freund 69
Theologie der Ruinen 72
Menschen anders sehen 74
Das Kreuz 75
Gott ist wie eine Mutter, die … 76
Über den Tod hinaus 77

Durch das Jahr 81
Weihnachten für einen Benediktiner 82
Sehnsüchtig an der Krippe 85
Ich habe deine Liebe gegessen 86
Stiller Karsamstag 87
Ostern geht weiter 88
Maria Magdalena, eine Suchende 89
Die Glocke des heiligen Wolfgang 91
Jahresrückblick 92

Römische Einblicke 95

Das Geheimnis des Schlüssellochs 96

Freundschaft mit dem *Pantheon* 98

Am Grab von Francesca Romana 101

Stofftiere und schmutzige Pilgerfüße 104

Freunde auf der Straße 107

Der Verkäufer am Strand 110

Fremdes Christentum 111

Kirche an der Peripherie 114

Der Autor 119

Vorwort

Bereits in jungen Jahren sind mir drei Klassiker der Geistesgeschichte besonders ans Herz gewachsen: Auf einem Flohmarkt in Linz erwarb ich am Ende meiner Schulzeit eine Ausgabe der Aussprüche und Geschichten der Wüstenväter. Die Weisheiten der frühchristlichen Mönche in Ägypten sind uns in prägnanten Sätzen und Erzählungen überliefert. Im Laufe meines Lebens habe ich sie immer wieder neu entdeckt und beobachten können, welche erhellende Wirkung diese einfachen Lehren auch auf andere Menschen haben. Einige Jahre später, inmitten meines Studiums der Geographie und Theologie in Salzburg, schenkte mir mein damaliger geistlicher Begleiter eine Sammlung der „Chassidischen Geschichten" von Martin Buber. Die eingängigen Alltagserzählungen aus dem jüdischen Leben Osteuropas im 18. und 19. Jahrhundert faszinierten mich. Sie veranschaulichen religiöse Wahrheiten und mystische Haltungen auf einfache und humorvolle Weise. Das dritte Buch, das mich bis heute begleitet, sind die „Gedanken" von Blaise Pascal. Der Naturwissenschaftler und Philosoph aus dem 17. Jahrhundert hat in den letzten Jahren seines Lebens Gedankenblitze aufgezeichnet, die nach seinem Tod auf unzähligen Zetteln in seiner Wohnung verstreut gefunden wurden. Dieses Werk erhielt ich von meinem Doktorvater nach der Verteidigung meiner Dissertation ein Jahr vor dem Eintritt ins Kloster mit der Widmung: „Verlernen Sie nie das Staunen!"

Schon als Jugendlicher habe ich Sentenzen und Weisheitssprüche gesammelt. Sie halfen mir offenbar, eigene Erfahrungen und Überzeugungen ins Wort zu bringen oder – mehr noch – mich auf Fährten zu leiten, die für mein eigenes Leben bedeutungsvoll schienen. Dazu kam, dass ich gerne Tagebuch schrieb, besonders auf Reisen und während meiner Studienjahre in den USA. Gerne schrieb ich auf, was ich erlebte und notierte wegweisende Einsichten.

Brunhilde Steger vom Tyrolia-Verlag schrieb mir drei Jahre nach Veröffentlichung meines Buches über die Wüstenväter, dass die Autorin und ORF-Journalistin Brigitte Krautgartner, die mich seit Jahren kennt, eine Idee für ein neues Buches hätte: eine Sammlung von Miniaturen, die „Momente" meines Lebens aufgreifen. Die Anfrage an mich lautete, Texte über entscheidende Erfahrungen im Laufe des Lebens, kleinere oder größere Erlebnisse, Begegnungen mit interessanten Persönlichkeiten und Gedanken in stillen Momenten bereitzustellen.

Der Idee kam ich gerne nach. Ich möchte als Benediktinermönch und Priester anderen Mut zum Leben und Glauben machen und das weitergeben, was ich selbst empfangen habe. Die oft recht persönlichen Einblicke und Reflexionen sind keine systematischen Erörterungen, sondern eine Auswahl, die sich ergeben hat – eben eine Sammlung von Momentaufnahmen, die fragmentarisch bleiben.

Für das Zustandekommen dieses Bändchens danke ich den beiden Professorinnen am Stiftsgymnasium

Kremsmünster, Ingrid Achleitner und Theresia Obermair, die mir bei der Auswahl der Texte und bei sprachlichen Verbesserungen halfen. Die Nachfolgerin von Brunhilde Steger im Tyrolia-Verlag, Helene Daxecker-Okon, hat mit Entschiedenheit und Einfühlungsvermögen das Projekt umgesetzt.

Ich hoffe, dass der Einsatz der erwähnten Personen den geneigten Leserinnen und Lesern zugutekommt und die Lektüre das eigene Ringen um eine sinnvolle Lebensgestaltung und Gottsuche anregt und vertieft.

Pater Bernhard A. Eckerstorfer

Klostererfahrungen

Morgenroutine

In der Früh habe ich mein Morgenprogramm, das ich um nichts in der Welt hergeben möchte. Ich schildere es hier jetzt nicht deshalb, damit es alle nachahmen. Unser Leben im Kloster soll nicht Norm für das Leben der anderen sein, aber es kann vielleicht zur Inspiration dienen.

Mein Wecker klingelt eine Stunde vor dem Morgengebet. Jeden Tag, sieben Mal die Woche. Ein solcher Rhythmus hat viel für sich. Er verlangt natürlich, dass ich bald ins Bett gehe. Das ist leider nicht immer der Fall und öfters auch ein Opfer: Gerne würde ich manchmal noch bei Freunden sitzen bleiben, mit jemandem reden oder Zeitung bzw. einen Roman lesen. Doch im Kloster zu leben bedeutet, sich zurückzuziehen und weltlichen Beziehungen und Ereignissen nicht den ersten Platz einzuräumen. So nehme ich Essenseinladungen normalerweise nicht an (was durchaus ein Verzicht für mich ist) und telefoniere abends nur, wenn es sein muss. Auch der Computer ruht von der Vesper bis zum Morgen.

Den Morgen eigens zu gestalten, bedeutet mir so viel, dass ich manches bewusst nicht mache. Das ist wichtig: Ich bin ins Kloster gegangen und lebe als Mönch, weil ich in intensiver benediktinischer Weise Gott suchen möchte. Dafür braucht es einen besonderen Tagesablauf. Der hl. Benedikt sieht in seiner Regel vor, dass sich der Mönch neben dem Gebet der Gemeinschaft zwei bis drei Stunden am Tag zurückzieht, „um zu lesen". Neben dem Gebet (*ora*) und der Arbeit (*labora*) also eigene Zeiten, um sich geistlich zu beschäftigen (*lege* – lies!). Wobei überall das Gebet als Ziel vor Augen steht. So steckt im Wort *labora* auch das *ora*: Das Gebet soll sogar die Arbeit beseelen und letztlich über allem stehen.

Das Aufstehen zu so einer frühen Stunde erlaubt mir, vor der Laudes eine halbe Stunde in meiner Gebetsecke zu sitzen. Dort meditiere ich dann einen Psalm oder eine andere Stelle aus der Heiligen Schrift. Seitdem ich vorher schon lese, reflektiere und persönlich bete (das *lege* Benedikts), bin ich auch beim gemeinschaftlichen Gebet und der Eucharistiefeier aufmerksamer und bewusster dabei.

Nach der Morgenliturgie lese ich geistliche Schriften, überlege mir dieses und jenes, notiere auch manches. Im Laufe der Zeit habe ich mich mit dem frühen Mönchtum und großen Gestalten der Glaubens- und Geistesgeschichte intensiv auseinandergesetzt. Das ist meine Nahrung für den Tag, für die Woche, für mein Leben; Stärkung aus dem Geist und für den Geist. Natürlich fließt auch manches davon in Predigten, Vorträge und Artikel ein. In seinem Werk „Wissenschaft und Gottverlangen" formulierte der Benediktiner Jean Leclercq (1911–1993) das so: „Damit die alten Gedanken frisch bleiben, muss jede Generation sie durchdenken, sie gleichsam neu entdecken. Die benediktinische Tradition hat das auch stets als ihre Aufgabe angesehen."

Diese drei Stunden zwischen 5:30 und 8:30 Uhr machen meinen geistlichen Morgen aus. Dann kann kommen, was da will. Vielleicht ist jetzt auch besser verständlich, warum Mönche von alters her früh aufstehen: Sie möchten die Beziehung zu Gott und das dafür notwendige geistliche Leben an die erste Stelle setzen – und tun das, bevor die Betriebsamkeit des Alltags (auch für sie) beginnt. Die Erfahrung der Mönche war: Wenn man in der Früh nicht schon das „Hauptpensum" an geistlicher „Arbeit" (im Sinne von *lab-ora*) verrichtet, wird es während des Tages in dieser Intensität kaum noch gelingen. Ich weiß, dass für Leute „in der Welt" oft die ruhige Zeit der Abend ist, erst da können sie richtig abschalten und beten. Für mich ist es der Morgen. Und dann kann tagsüber und auch abends kommen, was da will: Das geistliche Fundament ist schon gelegt!

Audienz für die Gedanken

Ich kann mich gut erinnern, als Frater Walter von einer Fahrt mit einem älteren Mitbruder zum Arzt nach Hause kam, bei mir an die Zimmertür klopfte und rief: „Weißt du, dass wir einen Wüstenvater bei uns haben?" Mir war klar, was er mir sagen wollte: Ein Mitbruder hat einen Ausspruch gemacht, der den Sätzen der frühen Mönche ähnlich ist, mit denen ich mich so gerne beschäftige.

Nun erzählte mir Frater Walter die Begebenheit: Er war gerade mit Pater Markus vom Augenarzt in Kirchdorf gekommen. Dort mussten sie wieder länger auf eine Untersuchung warten – wie schon einige Tage zuvor im Allgemeinen Krankenhaus Linz. Frater Walter nahm sich immer ein Buch mit, um die Wartezeiten sinnvoll zu verbringen. So auch wieder in der Arztpraxis. Auf der Heimfahrt fragte er Pater Markus: „Ist dir beim Warten nicht langweilig? Nimm doch das nächste Mal etwas zu lesen mit wie ich!" Pater Markus schmunzelte und meinte: „Nein, das passt schon. Ich habe wieder meinen Gedanken eine Audienz gewährt."

Das beeindruckte Frater Walter. Er hatte schon in Linz beobachtet, wie Pater Markus ganz ruhig und zufrieden dasaß, die Menschen liebevoll anblickte, dann über etwas nachdachte, nach oben und unten schaute, dann wieder kurz die Augen schloss.

In der Tat: Vielleicht sollten auch wir Jüngeren nicht jede Minute mit Lesematerial, elektronischen Nachrichten und Gesprächen füllen, sondern so wie Pater Markus manchmal den in uns aufsteigenden Gedanken Raum geben und eine Audienz gewähren!

Zu einem war er nicht fähig

Sonntag für Sonntag gibt es bei uns in der Stiftskirche Kremsmünster ein vom Chor gesungenes Hochamt, etwas Einmaliges in Oberösterreich und darüber hinaus. Fast alle Messen von Mozart und Haydn, aber auch zahlreiche Werke anderer Komponisten gelangen durch den Chor und das Orchester unter der Leitung von Pater Altman zur Aufführung. Ich hielt früher im Stift öfter das Hochamt am Sonntag und erlebe bei meinen Heimatbesuchen aus Rom die erhebende Liturgie mit Freude und innerer Anteilnahme.

Wenn Werke unserer Hauskomponisten wieder neu entdeckt werden, ist das immer ein besonderes Erlebnis. So auch die *Missa S. Bonifacii* von Pater Placidus Fixlmillner. Er war der erste Direktor unserer Sternwarte von 1760–1791, erwarb viele Messgeräte und beobachtete selbst Naturphänomene, wie z. B. die damals aufsehenerregenden Sonnenfinsternisse. Er berechnete die Uranus-Bahn, seine Ergebnisse erschienen im Druck und fanden in verschiedenen Städten Europas Beachtung. Ohne Fax, Telefon und E-Mail stand er im regen Kontakt mit der damaligen wissenschaftlichen Welt.

Er hat aber auch komponiert – eine bislang unbekannte Seite des Universalgenies. Nun wurde seine Messe nach über 200 Jahren wieder aufgeführt – ein überwältigendes Werk. Pater Altman musste dafür das Notenmaterial neu erstellen und hat sich intensiv mit Pater Placidus beschäftigt. Vor der Messe zeigte er mir die Beschreibung eines anderen Mitbruders, der den Mönch des 17. Jahrhunderts persönlich gekannt hat. Demnach zelebrierte Placidus Fixlmillner täglich um halb sieben Uhr die hl. Messe hoch oben in der Kapelle der Sternwarte und schleppte sich noch in den letzten Wochen vor seinem Tod zum Gebet der Gemeinschaft. Und dann dieser tiefgründige Satz: *Capacem ad omnia solius incapacem superbiae.* – „Seinen Fähigkeiten war keine Grenze gesetzt, aber zu einer Sache war er nicht fähig – zum Stolz."

Von der Ablenkung zur Konzentration

In meinen ersten 20 Klosterjahren betete ich sonntags nach der Laudes von 6:30 bis 7 Uhr mit den jungen Mitbrüdern vor dem Allerheiligsten im Oratorium meines Klosters Kremsmünster. Dieses Bild hat sich im Laufe der Zeit bei mir eingeprägt: Nur die beiden Kerzen erhellen die weiße Hostie. Draußen ist es noch ganz dunkel oder die aufgehende Sonne erhellt bereits den Gebetsraum. Von Christus kommt das Licht – das wollen wir in unserer Anbetung ausdrücken.

Noch heute erlebe ich, dass meine Gedanken nur um mich kreisen, fünf oder zehn Minuten lang. Da blicke ich auf Christus vor mir. Still ist er da, geduldig mit meinen Ablenkungen. Ich versinke wieder in meinen eigenen Gedanken. Wie schwer fällt es mir, mich auf Gott auszurichten, ihm die volle Aufmerksamkeit zu schenken! Er bleibt da und wartet auf mich. Eigentlich sollte ja ich auf ihn warten. Doch die Geduld braucht zuerst einmal er mit mir. Nach 25 Minuten hole ich mich wieder aus meiner gedankenversunkenen Welt. Bald kommt der Abschluss. Die letzten Minuten kann ich mich etwas konzentrieren. Ich bringe Gott meine Schwachheit dar und bitte ihn, mit mir durch den Tag zu gehen.

Die Welt, wie wir sie sehen

Wir sind wie so oft im Kloster in kleiner Runde nach dem Mittagessen beisammen gewesen. Unser Pater David, der zwar klein von Statur ist, aber ein großes Herz hat und mehr durchschaut als viele Menschen mit einem Doktortitel, sah plötzlich von seiner Kaffeetasse auf und sagte in eine Sprechpause hinein: „Wir sehen die Menschen und Dinge nicht, wie sie sind, sondern wie wir sind." Uns blieb der Mund offen. Er fügte hinzu: „Anaïs Nin. Diesen Satz von ihr habe ich heute gelesen. Großartig, nicht?" Und dann kam das verschmitzte Lächeln von Pater David, das ich so gernhabe, und die zu erwartenden selbstironischen Worte: „Naja, vielleicht doch nicht so wichtig. Ich bin ja nur ein Landpfarrer."

Was Pater David da so zwischendurch einwarf, passt zu einem Thema, das mich oft beschäftigt: die leider häufig anzutreffende Verleumdung. „Wir sehen die Menschen und Dinge nicht, wie sie sind, sondern wie wir sind." Dieser Satz der US-amerikanischen Schriftstellerin Anaïs Nin hilft, unfaire Urteile, gemeines Gerede und negative Stimmungsmache gegen jemanden, der oft gar nicht anwesend ist, zu hinterfragen. Wie jemand einen anderen Menschen sieht, sagt mehr über ihn selbst aus als über den anderen.

Natürlich gibt es objektives Verhalten und Charakterschwächen, die irgendwie allen auffallen. Und wir dürfen uns selbstverständlich über andere austauschen und sagen, was uns stört, wie wir jemanden sehen, wo wir Gefahren wittern. Die Frage ist nur, wie wir über andere reden. Die hinterhältige und zerstörerische Verleumdung müssen wir enttarnen, d. h. als das entlarven, was sie ist: Ehrabschneidung, wie es früher geheißen hat. Und da hilft das Zitat: „Wir sehen die Menschen und Dinge nicht, wie sie sind, sondern wie wir sind." Das ist natürlich vor allem auch eine Anfrage an jeden und jede von uns ganz persönlich: Trage ich dieser Einsicht Rechnung oder verallgemeinere ich zu schnell? Tue ich so, als wäre meine Weltsicht schon die objektive Realität, jene Wirklichkeit, die auch für die anderen gelten muss?

Warum ich Gott manchmal nicht verstehe

Wenn ich unseren Klosterfriedhof besuche, denke ich besonders an meinen Mitbruder Bischof Richard. Am Tag genau 52 Jahre nach seiner Einkleidung in unserem Kloster erlag er 2010 im Alter von 71 Jahren einem Gehirntumor.

Bischof Richard Weberberger hat unser Kloster und jeden einzelnen von uns geprägt. Mich hat er am 24. September 2005 zum Priester geweiht. Unsere Gespräche in Vorbereitung darauf sind mir noch in lebendiger Erinnerung. Wie auch viele andere Worte von ihm während seiner Heimaturlaube, einmal im Jahr, für mehrere Wochen.

In Brasilien fehlt er sehr. Er hatte fest vor, mit 75 Jahren zu uns zurückzukehren. Er hätte unser Kloster, die Pfarren und die mit unserem Kloster verbundenen Menschen reich beschenkt. Er war sehr gebildet, tiefreligiös und interessiert an allem in der Welt. Und den Menschen herzlich zugetan. Als er in einem Linzer Krankenhaus starb, war das wie eine Schockwelle in seiner Diözese *Barreiras* im Bundesstaat *Bahia*, erzählte uns damals Pater Gerhard, der viele Jahre mit ihm in Brasilien tätig war: Die Leute versammelten sich und klagten, als hätte sich die Welt grundlegend verändert. Auch für uns war es ein großer Schlag. Bischof Maximilian Aichern sagte zu mir tief bewegt: „Ich verstehe Gott nicht, dass er euch Bischof Richard genommen hat."

So spricht der Herr: „Meine Gedanken sind nicht eure Gedanken und eure Wege sind nicht meine Wege." (Jes 55,8) Das müssen wir immer wieder schmerzlich in unserem Leben erfahren – der eine auf diese, die andere auf jene Weise. Da denke ich an Heilige, deren Wege nicht gerade verlaufen sind, die vieles wohl nicht verstanden, was ihnen Gott zumutete. Angefangen von Maria unter dem Kreuz fragen sich Menschen: „Jesus, warum dieses Kreuz in meinem Leben, im Leben der anderen?" Von Maria und den Heiligen können wir lernen, Gott treu zu bleiben, auch wenn wir ihn nicht verstehen. Wie beim Tod von Bischof Richard.

Wer soll mich prägen?

Das Klosterleben schafft geschützte Zeiten für die Meditation und das persönliche Gebet. Während andere Kinder aufwecken und zur Arbeit gehen, widme ich mich der heiligen Lesung, für die Benedikt zwei bis drei Stunden in der Früh vorsieht – das ist unsere erste Aufgabe als Mönche. Nur von daher kann man verstehen, warum jemand großartige Dinge in der Welt hinter sich lässt und Benediktiner wird.

Während ich vor der Laudes die Bibel und ihre Auslegungen meditiere, lese ich nach der Laudes oder nach der Messe bei den Mönchsvätern weiter. Heute bin ich bei einem nur auf koptisch erhaltenen Spruch von Antonius hängen geblieben, der mir in einer italienischen Ausgabe mit Sprüchen der Wüstenväter zugänglich ist: „Gehe nicht mit dem, der schlechter ist als du, sondern mit dem, der dir voraus ist." Damit meint Antonius natürlich nicht, dass wir uns nicht auf Menschen einlassen sollen, die uns brauchen; er will nicht, dass wir hochmütig über andere denken, sie seien nicht gut genug für uns. Seine Weisheit zielt auf etwas ab, was ich immer mehr bei mir und anderen merke: Die Menschen, mit denen ich mich umgebe, haben einen Einfluss auf mich. Und so muss ich mich ganz realistisch fragen: Von wem und wovon möchte ich geprägt werden? Da ist es ein Gebot der Stunde, sich vor allem mit denen zu umgeben, die mir voraus sind, von denen ich lernen kann, die mich anregen, mehr aus mir zu machen. Das können auch religiöse Veranstaltungen sein, von denen ich fröhlicher und reicher weggehe – angeregt durch die großartigen, Gott suchenden Menschen, mit denen ich beisammen war.

Ja, Antonius hat recht: Lasse dich nicht auf die ein, die dich hinabziehen, sondern suche den Kontakt mit Menschen, die dir Flügel verleihen – und die auch selbst gut voranfliegen können. Und ich schaue auf meine Vorbilder: Die stehen auf, wenn eine Unterhaltung seicht und bösartig wird, sie lesen Heiliges und suchen den tiefsinnigen Austausch mit anderen, meistens zu zweit. Und diese Menschen haben dann auch die Kraft, andere nach oben mitzureißen.

Moment zum Nachdenken: Mit wem möchte ich mehr und mit wem weniger Zeit verbringen? An wen möchte ich mich halten? Und wie kann ich verhindern, dass ich hochmütig werde und den Eindruck vermittle, gewisse Leute wären nicht gut genug für mich?

Was die Seele nach oben führt

Heute habe ich von Augustinus (†430) die Auslegung des Psalms 122 gelesen. Da schreibt er vom unreinen Verlangen und von der heiligen Liebe. Beide Bewegungen kann ich sofort nachvollziehen, durch eigenes Erleben und das, was mir andere erzählen. Augustinus trifft es genau: „Das unreine Verlangen und die Gier des Irdischen stürzen uns in die Tiefe und versenken uns im Abgrund." Das müssen gar nicht die großen Fehltritte sein, die uns in Filmen lebhaft vor Augen geführt werden: Ein Mord zieht das Unglück auch des Täters nach sich, eine Drogensucht zerstört jemanden innerhalb weniger Jahre. Nein, schon die kleinen Ungeordnetheiten, das, was uns nicht guttut und wir eigentlich gar nicht wollen, zieht uns hinunter und verhindert Leben.

Dem stellt Augustinus die andere Bewegung gegenüber: „Die heilige Liebe hebt uns zum Höheren empor und entflammt uns zum Ewigen hin, sie stachelt die Seele auf zu dem, was nicht vorübergeht und stirbt, empor zum Himmel." Auch diese Empfindungen kennen wir: Beziehungen, Gedanken, Tätigkeiten, die uns nach oben bringen.

Augustinus fragt dann: „Aber wie kannst du wissen, ob es schlechtes Verlangen oder hohe Liebe ist?" Das ist ja immer die Frage: Wie kann ich herausfinden, was gut für mich ist? Der Bischof von Hippo gibt einen ganz einfachen Rat: „Schau, wohin dein Verlangen oder deine Liebe dich führt!" Ja, das führt zur Erkenntnis: Ein Jugendlicher, der schon spürt, dass es nicht gut ist, wenn er halbe Nächte vor dem Computer sitzt – er merkt genau: Das zieht mich hinunter, ich bin dann einen ganzen Tag müde, und die gesehenen Bilder und gehörten Worte sind nicht gerade aufbauend und hilfreich. Anders, wenn er zu seinem geliebten Waldstück geht und dort arbeitet, das erhebt seine Seele, er ist dort ganz bei sich und merkt auch, dass Gott ihm dort näher ist.

Augustinus gibt uns noch ein gutes Bild mit auf den Weg: „Das schlechte irdische Verlangen bekleistert die Seele mit Leim, sodass die Flügel nicht fliegen können. Doch vom guten Verlangen, von der echten Liebe getragen, schwinge ich mich nach oben – und ich steige immer höher hinauf." Welch ein Glück!

Ich – ein Fußballfan?!

Ich habe mich nie ereifern können für den passiven Sport. Am Sonntagnachmittag zuzusehen, wie Autos irgendwo im Kreis fahren; einen Samstag verschwenden, um Schifahrer zu beobachten, die ohnehin alle bis auf Zehntelsekunden gleich schnell fahren; oder Abende vor dem Fernseher zu sitzen und mich daran zu ergötzen, wie einige Leute einem einzigen Ball nachlaufen: Das ist mir, ehrlich gesagt, schade um die Zeit.

Aber hin und wieder werde ich auch erfasst – z. B. vom Fußballfieber. Dieses ergriff mich auch vor Jahren, als ich mit Schülern meines Italienischkurses in Norditalien war und das entscheidende Ländermatch Italien gegen Deutschland sah. Wir standen in *Belluno* auf dem Domplatz vor einer riesigen Leinwand und sprachen natürlich deutsch. Immer skeptischer schauten uns die umstehenden – zumeist jungen – Italiener an. Ihre Blicke argwöhnten: „Seid ihr nicht unsere Gegner?" Die Erleichterung war groß, als wir ihnen erklärten, dass wir Österreicher seien und natürlich zu Italien hielten. Da umarmten sie uns voll Freude – und dann wieder, als die Italiener ein Tor schossen. Die anschließende Feier war unbeschreiblich: Die ganze Stadt war ausgelassen – und meine Schüler wie auch ich konnten am nächsten Tag vor Heiserkeit kaum noch sprechen – weder deutsch noch italienisch.

Szenenwechsel: Acht junge italienische Mönche waren bei uns in Kremsmünster zu Gast. Sie kamen aus *Monte Oliveto Maggiore*, einer Benediktinerabtei in der

Toskana. Am frühen Abend spielten einige von ihnen mit unseren Schülern Fußball. Nach dem anschließenden Eis in unserer Stiftsschänke gingen wir schließlich ins Fernsehzimmer unseres Klosters. Neben den italienischen Mönchen das EM-Spiel Deutschland gegen Italien zu verfolgen, war ein Erlebnis für mich: Ihre Kommentare und Ausrufe erschütterten unser altes Kloster. Zwei ältere Mitbrüder ließen sich mitreißen und wurden ebenfalls immer lauter. Der Sport kann wirklich ein Ereignis sein und Gemeinschaft bilden! Und er kann dazu beitragen, dass italienische Mönche sich in Kremsmünster wohl fühlen: Dass Italien gewonnen hatte, merkte man auch beim Gebet der Italiener in der Früh des nächsten Tages.

Die Schnur

Das Schöne am Priestersein ist, dass man mit vielen Menschen in gutem Kontakt ist. Eine Frau, deren Sohn Andreas seit der Erstkommunion treu bei der Sonntag-Abendmesse in der Stiftskirche ministriert, erzählte mir, dass ihr zweiter Sohn Johannes sagte: „Das Stift ist meine Schnur zu Gott." Ein bemerkenswerter Satz des Sechsjährigen. Großartig, wenn unser Kloster für einige Menschen eine Verbindungsleine mit Gott sein kann. Und grundsätzlich ein schöner Gedanke: Wir dürfen Schnüre füreinander sein, die nach oben weisen, ja mehr noch: die uns in einer anderen Welt verankern!

Ein Gebet fruchtbar machen

Ich bete fast jeden Tag vor dem Aufstehen das bekannte Gebet des Nikolaus von der Flüe: „Mein Herr und mein Gott, nimm alles von mir, was mich wegführt von dir. Mein Herr und mein Gott, gib alles mir, was mich hinführt zu dir. Mein Herr und mein Gott, nimm mich mir und gib mich ganz zu eigen dir." Oft sage ich das Gebet nur halb bewusst und wiederhole es dann noch einmal, ehe ich aus den Federn springe.

Heute hatte ich das Bedürfnis, das Gebet konkret anzuwenden. Ich überlegte: Was soll Gott von mir wegnehmen, was mich von ihm entfremdet und eigentlich nicht zu mir gehören sollte? Mir fiel sofort etwas ein, und ich hielt Gott diese schlechte Angewohnheit hin, dass er sie von mir nehmen möge. Dann überlegte ich, was mich zu Gott hinführt. Sofort fiel mir wieder etwas ein. Und ich nahm es mir fest vor.

Ist schon erstaunlich, was während einer Minute im Bett bald in der Früh geschehen kann!

Pater Bernhard

Wer jetzt meint, ich sei damit gemeint, irrt sich. Es gab schon viele Pater Bernhards in der Geschichte Kremsmünsters! Gerade nehme ich mir jeweils einen nach dem anderen bei der Morgenbetrachtung vor und informiere mich über sein Leben und Wirken. Im sogenannten Professbuch sind nämlich alle Mönche unseres Klosters mit den verfügbaren Infos aufgelistet. Das ist eine spannende Lektüre. Vor ein paar Tagen erfuhr ich auf diese Weise, dass es bereits einen Pater Bernhard aus Linz gab – der noch dazu Pfarrer in Grünau war, jener Gemeinde, in der ich mich am Almsee gerne zurückziehe, um zur Ruhe zu kommen, zu schreiben, konzeptionell etwas vorzubereiten.

Heute wurde ich nachdenklich, als ich einen Pater Bernhard studierte, der mit 44 Jahren starb, das war 1921. Da fuhr es mir durch Mark und Bein: Da wäre ich ja schon längst gestorben! Er wurde im 1100sten Jahr nach der Klostergründung geboren, stammte aus Sierning, erwarb nach Kaplansjahren in Vorchdorf an der Wiener Universität einen Dr. phil., unterrichtete dann am Gymnasium Geographie (so wie ich früher) und tat viel für unser Archiv. Es heißt: „Pater Bernhard war ein ausgezeichneter Kenner der Klostergeschichte." Das kann man vom derzeitigen Pater Bernhard (1971–????) nicht behaupten! Und dann kam mir der seltsame Gedanke, ob ich nicht später einmal weiterführen soll, was er wegen „Herzleiden und Wassersucht" nur kurz betreiben konnte: sich in die Geschichte unseres Hauses zu vertiefen und sie für andere zugänglich zu machen.

Und dann der Gedanke an dich, lieber Leser, liebe Leserin: Bist nicht auch du in der Familie, in der Arbeit in eine lange Reihe gestellt? Nimmst du nicht auch eine Rolle ein und führst eine gewisse Zeit weiter, was andere begonnen und an dich weitergegeben haben?

Unter Bauarbeitern

Ich war eigentlich zum Almsee gefahren, um in Ruhe zu schreiben – ein Ort der Stille, an den ich mich gerne zurückziehe. Was ich fand, war innere Unruhe und eine Baustelle: Im Forsthaus, das im Besitz meines Klosters ist, wurden Arbeiten gemacht und nach Monaten des Stillstands verwandelte sich das Haus zwischen See und Bergen ausgerechnet in dieser Woche zu einem geschäftigen Umschlagsplatz für Kabel, Pfosten und Mörtel. Anfangs dachte ich mir, dazu sei ich doch nicht hergekommen. Wie ärgerlich! Rückblickend merke ich, die zwei Tage auf der Baustelle waren wichtiger als die mitgebrachten Bücher und zugesagten Schreibprojekte. Eine glückliche Fügung.

Ich lernte Arbeiter des Stiftes kennen, die ich bis dahin noch nie bewusst wahrgenommen hatte. Sie kannten mich, ich sie aber nicht. Anfangs war mir das peinlich, dann fühlte ich mich beschämt. Oder der Elektriker aus Grünau, der seit Jahrzehnten das Haus betreut und viel Wissen weiterzugeben hatte: „Schön, dass sich ein Pater außer dem Forstmeister einmal für das interessiert, was wir hier jahrein, jahraus machen". Unter seiner Anleitung lernte ich, wie die Fußbodenheizung im Bad reguliert werden konnte oder wie wichtig es war, das Stiftsmobiliar unserer Mieter zu katalogisieren und dokumentieren – da sonst die Substanz immer weniger werde. Ich schleppte Kästen, suchte zusammengehörige Teile und ließ mir erklären, wo die Maschinen für den Forst stehen – ich hatte nicht einmal gewusst, dass man solche Geräte für den Wald überhaupt braucht.

Wie ahnungslos bin ich oft! Zwei, drei Tage unter Bauarbeitern haben mir gezeigt, wie wenig ich eigentlich von dieser Welt verstehe. Und ich durfte erfahren, wie viele Menschen für das Stift Kremsmünster arbeiten, mitdenken, im Hintergrund sicherstellen, dass alles gut läuft.

Studenten stürmen Klöster

Die deutsche Wochenzeitung „Die Zeit" brachte einmal einen Artikel mit dem Titel: „Stillarbeit. In Belgien gehen Studenten für Wochen oder sogar Monate ins Kloster – um in Ruhe lernen zu können." Gleich der erste Satz dieses Artikels klingt etwas idealisierend, aber dennoch interessant: „Hinter den dicken Klostermauern funktioniert kein Internet und kein Smartphone. Es gibt keinen Fernseher, keine Ablenkung. Nur Ruhe. Und genau das ist es, was die Studenten suchen, die in jedem Semester für einige Wochen oder sogar Monate hierher ins Benediktinerkloster kommen …"

Als ich Novizenmeister im Stift Kremsmünster war, gehörte es zu meinen Aufgaben, junge Männer willkommen zu heißen, unabhängig davon, ob sie überlegten, Mönche zu werden oder nicht. Sie wollen sich einfach jetzt zurückziehen, ihren Fragen nachgehen, lernen, sich auf die nächsten Schritte in ihrem geschäftigen Alltagsleben vorbereiten. Mich erstaunt, wie sehr sich junge Leute, die einige Tage in einem Kloster mitleben, auf den Rhythmus einlassen. Sie nehmen selbstverständlich bei Gebeten und Mahlzeiten teil. Ein Jus-Student meinte einmal: „Obwohl ich bei euch alles mitmache, habe ich mehr Zeit für mich." Also: Gerade, weil er sich dem Klosterleben anschließt, bekommt er plötzlich mehr Freiraum. Und vor allem: Hier lenkt ihn nichts ab. Der Laptop bleibt ausgeschaltet, das Handy wird erst wieder zuhause aktiviert.

„In ganz Belgien nutzen schätzungsweise 600 Studenten jährlich das Angebot", heißt es im Zeitungsartikel. Belgien – das ist doch ein noch viel stärker säkularisiertes Land als Österreich! Richtig. Deswegen wächst auch wieder die Neugierde, ein alternatives Leben in einem Kloster kennenzulernen. Wenn die Religion in einem Land beiseitegeschoben wird, ist das „Andere" plötzlich wieder cool. Wie die Studenten zeigen, die sich ins Kloster zurückziehen.

Katholisch

Katholisch heißt weltumspannend. Das geht mir öfters bei Äbtekonferenzen in Rom auf. Ein Koreaner ist neben einem Abt aus Nigeria, zu ihnen gesellt sich ein Peruaner, dahinter stehen drei amerikanische Äbte und zu mir kommt gerade ein Benediktiner aus Frankreich. Faszinierend, dass so unterschiedliche Menschen nach der gleichen Ordensregel (recht verschieden) leben und in der Kirche vereint sind – gemeinsam gregorianischen Choral singen und täglich die Eucharistie feiern.

Ein Geschenk, auf diese Weise zusammenzugehören, das Leben zu teilen, den Glauben zu bekennen und auch ausgelassen sein zu dürfen. Äbte können nämlich wirklich ausgelassen sein – Humor und witzige Kommentare, in den einzelnen Sprachgruppen und darüber hinaus. Eigenheiten anderer geben Anlass zum verschmitzten Lächeln – und das Schönste ist die Selbstironie, wenn jemand sich oder sein Land oder seine Sprache aufs Korn nimmt und dann herzlich mit den anderen lacht.

Ich bin immer wieder davon überwältigt, wie man bei solchen Treffen zusammenwächst. Viele der Äbte laden herzlich in ihre Klöster ein; ich weiß, ich werde die meisten nie besuchen. Aber es stärkt mich zu wissen, dass sie – bei aller Schwierigkeit und menschlichen Nachlässigkeit – so wie wir in Kremsmünster Gott ins Zentrum stellen wollen und die Sehnsucht nach einem geglückten Menschsein haben. Und – wie es ein Mönch in einer Wortmeldung ausdrückte: „Wenn auf dem einen Erdteil die Mönche nach der Komplet die Gebetsbücher schließen, schlagen in einem anderen Erdteil die Mönche die Gebetsbücher auf zur Vigil." Das ist katholisch!

Ordensgewand für eine Minute

In Rom komme ich in Kontakt mit Ordensleuten aus der ganzen Welt, die aus unterschiedlichen Gründen für eine kurze oder längere Zeit in *Sant'Anselmo* sind. Eine Benediktinerin aus Litauen erzählte mir einmal über ihre Erfahrungen im Kommunismus. Ihr Kloster in Kaunas durfte in dieser Zeit offiziell nicht bestehen. Die Schwestern waren inkognito Ordensfrauen und gingen normalen Berufen nach. Hin und wieder trafen sie sich heimlich zu zweit oder in Gruppen. Oft wussten nicht einmal die eigenen Eltern, dass ihre Tochter eine Benediktinerin geworden war.

Die Ordensschwester berichtete anschaulich: „Stellen Sie sich das einmal vor: Da ist eine heimliche Einkleidung, die Übergabe des Ordensgewandes, in Kaunas. Die Schwestern sind unter Zeitdruck. Nichts darf auffliegen. Eine junge Frau bekommt nach ihrer geheimen Kandidatur den weißen Habit – aber nur für ganz kurze Zeit. Nach schon einer Minute sagt die Priorin, sie müsse jetzt den Habit wieder ausziehen – und nimmt ihn zu sich, um ihn geheim zu verwahren. Nie wieder hat die junge Schwester den Habit in den folgenden Jahren getragen, bis zur Wende, als das Kloster wieder frei war. „Können Sie sich vorstellen, welches Gefühl wir da hatten, offiziell nun den Habit tragen zu dürfen?!"

Die Botschaft des Kreuzgangs

Zwischen Kolosseum und dem Lateran leben im alten Kloster *Santi Quattro Coronati* gut ein Dutzend Augustinerinnen. Mit der dynamischen Schwester Fulvia Sieni hatte ich mit einer Studentengruppe ein Gespräch, ehe wir bei der Liturgie des Konvents in der historischen Kirche teilnahmen, deren Fundamente auf das 5. Jahrhundert zurückgehen und wo sich im Oratorium des hl. Silvester laut einem Reiseführer „der wohl eindrucksvollste Freskenzyklus aus dem römischen Mittelalter" findet.

Ihre Ausführungen begann Schwester Fulvia mit dem Bild, das sie als Jugendliche von Nonnen hatte: Schwestern seien *triste, frustrate e brutte* (traurig, frustriert und hässlich). Ihre Erfahrungen mit Schwestern in der Schulzeit waren nicht die besten. Doch sie fühlte sich hingezogen zum radikalen Leben hinter Klostermauern, lernte diese Gemeinschaft kennen und trat nach dem Studium ein. „Wir versuchen hier, einfach zu leben und in allem Gott den Vorrang einzuräumen. Mit der Zeit habe ich gemerkt: Klosterleben kann interessant und unterhaltsam sein." „Warum unterhaltsam?", wollte einer von uns wissen. „Jede Mitschwester ist eine Galaxie für sich, eine anfangs fremde Welt. Mit den anderen umzugehen, ist eine spannende Sache – und auch *divertente*, unterhaltsam im wörtlichen Sinn: etwas von mir Verschiedenes, das mich bereichert und herausfordert, *di-vergere*."

„Aber wollen Sie nicht manchmal hinausgehen und etwas erleben?" – Schwester Fulvia schaute verdutzt.

„Naja, manchmal würde ich im Winter gerne Schi fahren. Aber eigentlich habe ich nicht den Wunsch, hinauszugehen. Wir tun das nur, wenn es unvermeidlich ist, z. B. zu einer Röntgenaufnahme. Der Arzt kommt ins Haus. Die Ökonomin geht einmal im Monat hinaus und macht nötige Besorgungen. Aus unserem Garten bekommen wir Gemüse und Früchte, der Bäcker bringt uns am Abend das Brot, das er nicht mehr verkauft hat. Uns geht hier nichts ab."

Aber was bringt es, so streng hinter Mauern zu leben? Schwester Fulvia stellte uns ihrerseits eine Denkaufgabe: „Was versteht ihr unter Klausur?" Unsere Erklärungen befriedigten die junge Schwester nicht. „Klausur ist doch nicht nur Abschließung, dass man etwas nicht hat, was wir Welt nennen. Klausur ist ein vertraulicher Raum. Jeder von euch hat solche vertrauten Räume zuhause und in Beziehungen. Wenn ihr jemandem etwas anvertraut, wollt ihr nicht, dass der das dann ausplaudert." Braucht nicht jeder seine Klausur, Räume und Zeiten, in denen Vertrauen wächst und Intimität seinen Platz hat? Da müssen wir etwas *custodire*, wie es die Ordensfrau nannte: bewahren, hegen und pflegen, auch schützen vor schlechten Einflüssen. Klausur – ein Raum des Schutzes, damit etwas zutiefst Inniges geschehen kann. Klausur in einer Liebesbeziehung. Klausur in meinem Leben mit Gott. Ich staunte über diese Worte der italienischen Augustinerin, blickte auf die Studentengruppe und merkte: Schwester Fulvia traf ganz einfach und anschaulich etwas von unser aller Leben.

„Ich trage diesen Ring, weil ich ganz zu Gott gehöre", fuhr sie fort. „In unserer Klausur möchte ich wachsen und reifen. Um glücklich zu sein, brauche ich nicht hinauszugehen. Ja, das kann mich sogar davon ablenken, alles auf Gott zu setzen." Und Schwester Fulvia brachte ein tolles Bild ins Spiel: „Ihr seid durch unseren Kreuzgang aus dem 13. Jahrhundert hereingekommen. Wo hat der Kreuzgang eigentlich seinen Ausgang? Eben, nirgends. Er ist in sich geschlossen. Der Kreuzgang kennt nur eine große Öffnung in der Mitte: die nach oben! Das heißt für uns: Wenn wir Probleme haben, dann sollen wir nicht in die Welt ausbrechen, sondern uns nach oben wenden, Hilfe von oben erbitten."

Strenges Klosterleben wie in diesem Augustinerinnenkonvent im Zentrum Roms ist letztlich auf die Liebe ausgerichtet. So versuchte uns Schwester Fulvia deutlich zu machen, wohin ein solches Leben in Abgeschiedenheit und der unentrinnbaren Verwiesenheit auf die Mitschwestern und vor allem Gott führt. Sie konnte das wieder veranschaulichen: „Habt ihr in eurer Gruppe ein Pärchen?" Zwei meldeten sich. „Gut, dann schaut euch diese beiden an. Ich sage euch: Sie sieht in ihm eine Schönheit und einen Reichtum, der uns verborgen bleibt. Und er sieht in ihr etwas, was wir nicht an ihr sehen. Das ist ihre Klausur, die nur die beiden teilen. Liebe macht sehend! Durch die Liebe sieht man etwas, was die anderen nicht sehen. So ist es auch mit Gott, mit dem Klosterleben: Da entsteht ein geschützter, intimer Raum, eine Klausur, die mich neu sehend macht. Und die erfüllt sein soll von seiner Liebe."

Schwester Fulvia schaute uns verschmitzt an, und wir nahmen ihr ab, dass sie ein erfülltes Leben führt. Auf eine weitere Frage hin erzählte sie, wie sie täglich aus dem Wort Gottes lebt. Wie die anderen Schwestern auch meditiert sie die Tageslesungen ausführlich: „Da bekommen wir in therapeutischen Dosen jeden Tag Bibeltexte, quer durch die Heilige Schrift. Jeden Tag. Die wiederholen sich dann auch im Laufe der Jahre. Jedes Mal lese ich sie mit neuen Augen. Und mir geht immer mehr auf, wer Gott ist und was das für mich bedeutet.“

Vom geistlichen Leben

Merci

Ein Hochzeitspaar hatte mir zum Dank eine große „Merci"-Pralinenpackung gegeben. Nun habe ich in meinem Zimmer noch drei „Merci"-Stückchen gefunden. Das Besondere? Sie waren alle mit Bibelversen versehen, was dazu dienen sollte, nicht zu rasch zu viel Schokolade zu essen, aber auch die Heilige Schrift beim Verkosten herzunehmen. Heute nahm ich also wieder ein noch übrig gebliebenes Stück und las vorher: Jos 1,9 – wie überrascht war ich, als ich diesen für meine Situation so passenden Vers las: „Habe ich dir nicht befohlen: Sei mutig und stark? Fürchte dich also nicht und hab keine Angst; denn der Herr, dein Gott, ist mit dir bei allem, was du unternimmst." Noch einige Minuten vorher hatte ich auf die unerledigten Stöße in meinem Büro geblickt, die vielen, vielen unbeantworteten Mails, das, was dringend zu organisieren und schon lange zu verfassen gewesen wäre. Erleichtert blickte ich auf und dankte Gott für dieses Wort.

Im protestantischen Raum spricht man von „Losung", bei uns oft von „Bibelaufschlagen". Gemeint ist das zufällige Lesen einer Stelle in der Heiligen Schrift, meistens nur eines Verses. Wer dies tut, macht oft erstaunliche Entdeckungen: Es fügt sich gut, was da aus den inspirierten Texten, von Menschenhand geschrieben, kommt; ja, es scheint fast so zu sein, als wäre diese Stelle jetzt für mich in meiner derzeitigen Lage geschrieben.

Und so ist es auch: Jeder Vers der Bibel ist das Wort Gottes an mich – und jeder Vers spricht zu jedem anderen Vers, erhellt und ergänzt ihn. Ich brauche also bei einer Losung oder beim Bibelaufschlagen nicht an Spuk zu denken oder zu glauben, darin eine sonst nicht erhältliche Prophezeiung von oben zu erhalten. Diese Art, die Bibel immer wieder herzunehmen, ist schlicht und einfach ein bewährtes Mittel, sich dem Wort Gottes auszusetzen und seine Kraft entfalten zu lassen. So bin ich dankbar für die „Merci", aber auch für die mühsam draufgeklebten Zettelchen mit Bibelversen, die ich zuerst lesen sollte, bevor ich die Schokolade esse …

Geistlich leben – überall

An Gott zu denken und von ihm her unser Leben und die ganze Welt zu sehen, ist nicht nur auf Gebetszeiten beschränkt. Immer neu sollen wir uns vergegenwärtigen, dass Gott stets bei uns ist und wir bei ihm sind.

Ein Student, der zu geistlichen Gesprächen ins Kloster kommt, erzählte mir kürzlich von seinem Alltag: Jetzt im Sommer hat er einen Ferialjob in einer Lagerhalle. Er sieht diese anstrengenden Stunden körperlicher Arbeit als guten Ausgleich zum Lernen – und freut sich so auch wieder auf das Studium im Herbst. Ganz selbstverständlich sagte er: „Ich denke bei der anstrengenden Arbeit immer wieder an Gott. Zum Beispiel ist da eine Arbeiterin, die das für ihre Tochter tut, damit diese gut über die Runden kommt. Seitdem sie mir das erzählt hat, bete ich immer wieder für sie, ganz spontan, während der Arbeit."

Der Student war selbst überrascht, wie leicht ihm das Gebet in einer Umgebung fällt, die von Gott wenig weiß. Mir gab das zu denken: Bete ich ebenso spontan für mich und Menschen um mich herum? Ich nehme mir vor, wieder öfters meinen Geist zum Schöpfer zu erheben und mit ihm in Alltagssituationen in Kontakt zu treten. – Gut, dass Leute mich aufsuchen, die mich anregen, überall geistlich, d. h. mit Gott verbunden, zu leben!

Chinesische Verklärung

Ich bin mit der U-Bahn in das Zentrum von *Manhattan* gefahren. *Little Italy* wird hier ein Stadtteil genannt, aber eigentlich haben schon die Asiaten die Hoheit dieser Straßen übernommen. Erst recht in *Chinatown* trifft man fast nur auf Menschen mit asiatischem Familienhintergrund, die Aufschriften der Geschäfte sind fast ausschließlich chinesisch. Als ich so an den Obstläden und Fleischhauereien vorbei ging, sah ich plötzlich in der *Mott Street* nach einer chinesischen Buchstabenreihe in unserer Schrift *Transfiguration Parish*. Da musste ich hineingehen, ist doch die Verklärung das Patrozinium unserer Stiftskirche in Kremsmünster.

Das Thema „Verklärung" ist in diesem Gotteshaus ganz anders, aber doch deutlich erkennbar dargestellt, und die ganze Kirche ist geprägt von der chinesischen Kultur. Ich setzte mich in eine der Bankreihen, um zu beten. Plötzlich kam eine Schar amerikanischer Kinder chinesischer Herkunft herein. Ich hatte vor dem Besuch der Kirche gesehen, dass daran angrenzend eine katholische Schule ist. Offensichtlich kamen die Kinder von dort, gemeinsam mit ihrer Lehrerin. Diese ältere Dame forderte die etwa fünfjährigen Kinder auf, still zu sein. Sie deutete auf mich und erklärte: „People are praying here, we do not want to disturb them." – „Hier sind Menschen, die beten. Wir wollen sie nicht stören."

Dann ging sie mit den Kindern nach hinten zum Taufbecken. Was folgte, war eine kleine Taufkatechese, die mich beeindruckte. Die Frau erklärte: „Hierher kommen Eltern mit ihren Kindern, wenn sie wollen, dass diese in die Familie Gottes aufgenommen werden. Der Priester übergießt die Babys mit Wasser und wäscht damit das Böse von ihnen ab. Wer von euch ist schon getauft?" Die Lehrerin nannte einige Namen. Ich glaube, einige dieser süßen Kinder hatten eifrig aufgezeigt, aber das konnte ich nur vermuten, denn ich wollte nicht den Zuschauer spielen und war deshalb einfach in der Kirchenbank mit Blick auf die Verklärung sitzen geblieben.

Die Lehrerin fuhr fort: „Wenn ihr anderen groß seid und mit Jesus leben und auch zur Familie Gottes gehören wollt, dann könnt auch ihr euch taufen lassen." Und die Gruppe ging noch zu einigen Statuen, die ebenso kindgemäß erklärt wurden. Beeindruckt von dieser einfachen Erklärung kam ich mit ihr ins Gespräch, nachdem eine jüngere Kollegin gekommen war und die Kinder wieder beim Seitenausgang Richtung Schule hinausgeführt hatte. Die amerikanische Lehrerin sagte mir, das sei eine Gruppe des Pfarrkindergartens. Von den 27 Kindern seien fünf katholisch, die anderen nicht getauft. Aber ihre Eltern würden diesen Kindergarten und die katholische Schule schätzen.

Ich setzte mich wieder vor das Verklärungsbild und ließ auf mich wirken, was ich eben erlebt hatte: interessierte, staunende chinesischstämmige Kinder in einer katholischen Kirche – und die Lehrerin, die liebevoll die Taufe erklärte und ohne Druck, aber doch mit einer einladenden Geste diese Saat in die Herzen der noch ungetauften Kinder legte: „Wenn auch ihr einmal zu Christus und zur Familie Gottes gehören wollt, dann könnt ihr hierherkommen, und ihr werdet getauft." Wie schön, das Christentum so ansprechend und leise ins Spiel gebracht zu bekommen – mitten in *New York City*.

Als Mönch im Bahnhofsbistro

Vor einiger Zeit hatte ich in Wien einen Termin. Bei der Rückfahrt gegen Abend verpasste ich beim Umsteigen knapp den Zug nach Linz. Da ich nun fast eine Stunde warten musste, ging ich vor das Bahnhofsgebäude und schaute mich um. Gegenüber gab es ein Café. Ich erwartete kein gehobenes Lokal. Gerne setze ich mich in einfache Gaststätten, auch mit Habit, meinem Ordensgewand.

Als ich eintrat, schauten mich alle Gäste des überschaubaren Cafés an. Naja, ein Marsmännchen hätte mehr Aufsehen erregt, aber so alltäglich war meine Erscheinung offensichtlich nicht. Das Lokal war praktisch voll. Sofort bot mir jemand seinen Tisch an und ging stattdessen an die Theke. Das nahm ich gerne an, denn ich wollte in Ruhe lesen; wenn ich unterwegs bin, verwende ich die Zeit gerne zum Lesen. Ich bestellte meinen Marillensaft – Mango gab es nicht – und einen Toast. Ich las vielleicht vier Sätze, dann beugten sich die drei halbbetrunkenen Männer vom Nebentisch zu mir herüber. Etwas widerwillig unterbrach ich meine Lektüre. Die drei etwas schlampig gekleideten Herren wollten wissen, wer ich sei. „Pfarrer?" – „Mönch!", das klang noch interessanter. „Habe den Zug nicht mehr erwischt!" Verständnisvolles Nicken. Respektvoll fragten sie mich über das Leben im Kloster; keine schmutzigen Witze, wie ich es auch schon erlebt habe. Dann aß ich meinen Toast. So nebenbei hörte ich, was die Bier trinkenden und Zigaretten rauchenden Männer neben mir sprachen. Der eine erzählte von sich und brach in Tränen aus. Ich legte ihm die Hand auf die Schulter, unsere Tische standen ja eng nebeneinander. Er hatte den Führerschein abgeben müssen, nachdem er mit einer „Fahne" die Verlustanzeige seiner Geldbörse gemacht hatte. „Ungeschickt", sagte der andere. Der Dritte meinte, er hätte den Alkoholtest verweigern sollen. Ich dachte mir: „Der Alkohol ist eine scheußliche Sache, aber die Menschen, die er um den Verstand bringt, habe ich gerne." Der Mann fühlte sich als Verbrecher, sogar wie ein Terrorist. Na, so schlimm wäre er auch nicht, versicherten seine Kumpel, und ich stimmte natürlich zu.

Wir redeten über den Sinn des Lebens. Eigentlich mag ich solche Unterhaltungen über Gott und die Welt nicht, aber hier fühlte ich mich wohl. Es waren gute Kerle, jeder war ein Experte für sich – aber wer reagiert nicht so, wenn die Welt einen vielleicht nicht so ernst nimmt? Der Mann mit dem Führerschein – oder besser ohne Führerschein – erzählte mir von einer Kur, die er vor ein paar Wochen in Bad Schallerbach gemacht hatte. Innig lud er mich ein, dort in ein paar Tagen mit ihm seine während der Kur geschlossenen Freundschaften zu feiern. Gerührt von der Geste, dachte ich trotz meines vollen Terminkalenders daran, mir den Termin in den Kalender einzutragen. Dann sagte ich dankend ab. Als Trost, dass das Wiedersehen nichts werden würde, gab er mir seine Visitenkarte. Ich sollte mich einmal melden.

Merkwürdig, als ich nach einer Dreiviertelstunde aufbrach, war es, als wäre ich stundenlang hier gewesen. Ich gab den dreien zum Abschied die Hand. Da streckten mir auch andere in der Nähe ihre Hände zum Gruß hin – sie hatten ja alles mitverfolgt. Wenn ich den Zug wieder nicht erreichen sollte, würden sie mich auf ein Achterl einladen.

Im Zugabteil sprachen mich zwei mir gegenübersitzende, fein gekleidete Frauen an. Ob ich aus Melk wäre, fragten sie. Die eine erzählte dann, dass sie viel mit den Benediktinern in Seitenstetten verbinde, die andere, dass sie aus einer Göttweiger Pfarre sei, wo ihre Kinder mit Freude ministrieren und ein Mitbruder aus Kremsmünster am letzten Sonntag eine so schöne Aufnahme der neuen Ministranten gemacht habe. Wieder kam ich nicht zum Lesen, aber diese Alltagsunterhaltungen waren mir mehr wert als viele kluge Seiten.

Beim Tagesrückblick dachte ich nochmals an die Leute in der Kneipe und die Frauen im Zug, an unsere kleinen Gespräche. Und ich dankte Gott, wie viel diese Menschen mit einem Mönch anfangen konnten, der ihnen anfangs eigentlich lieber ausgewichen wäre.

Angegriffener Glaube

Im Zuge meiner Vorbereitungen für eine Vorlesung habe ich in der Lebensbeschreibung des hl. Antonius, die Erzbischof Athanasius von Alexandrien in der Mitte des 4. Jahrhunderts schrieb, folgende Stelle gefunden: „Die zu Christus gehören, werden verfolgt – doch um wieviel mehr blüht und wächst unser Glaube als der eure!" Das sagte Antonius zu ungläubigen Philosophen und fügte hinzu: „Euer Gedankengut wurde niemals verfolgt, im Gegenteil, es wird von Menschen in jeder Stadt in Ehren gehalten."

Interessant! Wenn unser Glaube verfolgt wird, kann das ein Gütezeichen dafür sein, dass er stark ist und trägt. Christlicher Glaube steht immer auch der Welt und vor allem dem Zeitgeist entgegen. Natürlich müssen wir uns stets fragen, ob nicht unsere eigenen Einbildungen und Verschrobenheiten dazu führen, dass unser Glaube abgelehnt wird. Aber es gibt so etwas wie die Verachtung gegenüber Gläubigen, die daher rührt, dass das Heilige und Wahre unbequem ist und zu Recht Anstoß erregt. Das sehen wir ja ganz deutlich bei den Reaktionen gegenüber Jesus bis hin zur menschenverachtenden Geißelung und Kreuzigung („Er, der keine Sünde kannte …").

Antonius sagt weiter: „Die Lehre Christi, von euch verspottet und von den Kaisern vielfach verfolgt – sie hat längst den Erdkreis erfüllt. Wann hat die Gotteserkenntnis je so stark geleuchtet? Wir brauchen nur die Märtyrer anschauen, die um Christi willen den Tod verachten. Wir brauchen nur die Jungfrauen der Kirche anschauen, die um Christi willen ihren Leib rein und unbefleckt erhalten." Ist das nicht auch heute so, dass über jene, die den Glauben ernst nehmen, gespottet wird, also das Christentum Anstoß erregt – aber gerade dadurch stark ist?

Gehetzt

Die vielleicht 50-jährige Frau stand plötzlich am Seeufer nicht weit von mir. Sie wollte wohl den Sonnenuntergang noch erleben. Ich hatte gerade die Vesper auf einer Bank sitzend fertig gebetet. Nun schaute auch ich einfach so vor mich hin, in den blauen Himmel, betrachtete die schneebedeckten Berge, die Sonne, wie sie sich im Wasser spiegelt, und beobachtete die Wasservögel. Tagsüber hatte es geregnet, nun war die Luft ganz klar, die Abendsonne leuchtete besonders intensiv. Ich dachte, die Frau würde das jetzt in sich aufnehmen. Doch sie war nicht gekommen, um diesen einmaligen Anblick zu genießen, um diese atemberaubende Stimmung aufzunehmen, sondern um schnell ein paar Fotos zu machen. Gehetzt lief sie herum: die Berge von diesem Winkel – „klick", zwei, drei Fotos –, dann die Enten, die untergehende Sonne. Alles wurde eingefangen. „Wer soll das ansehen?", dachte ich. Nach jedem Foto schaute sie prüfend auf ihre kleine Kamera, ob das Foto eingefangen hatte, was sie selbst nur im Vorbeigehen erahnen konnte. Hätte es sich für die Frau nicht mehr gelohnt, einfach nur still da zu sitzen und den Moment zu genießen? Da war sie auch schon wieder weg.

Ich beobachtete weiter die untergehende Sonne und wie sich die Landschaft gemächlich zur Ruhe setzte. Da dachte ich über meinen eigenen Tag hier am Almsee nach, über diese Tage der Auszeit, die ich mir nahm. Ich war mit vielen Büchern gekommen, wollte einen wissenschaftlichen Artikel schreiben und zwei Buchbesprechungen. Alle drei Dinge hatte ich schon lange zugesagt, nun muss ich sie endlich erledigen. Und dann, heute, überfiel mich am Nachmittag ein Gefühl seltsamer Einsamkeit, ich wollte irgendwie ausbrechen aus der Stille. Im Kopf hetzte ich herum wie die Frau mit ihrer Kamera.

Merkwürdig, wie wir Menschen gehetzte Wesen sind. Blaise Pascal hatte recht: *Condition de l'homme: inquiétude, ennui, inconstance.* – Zustand des Menschen: Unruhe, Langeweile, Unbeständigkeit. Das merke ich am Almsee, wenn die erhabenen Gefühle des Alleinseins umschlagen zu bedrängenden Zuständen der Einsamkeit. Kein Fernseher, kein Internet, kein CD-Player, reduzierter Kontakt über mein iPhone. Ausgeharrt zu haben, ja, das war dann doch wieder ein erhebendes

Gefühl. Pascal notierte in seinen *Pensées*: „Wir schwanken zwischen Größe und Elend des menschlichen Daseins hin und her. Zwischen Ruhe und Gehetztsein."

Dünger aus meinem Mist

Heute in der Früh habe ich bei meiner täglichen Lesung wieder einige Seiten von Augustinus meditiert. Der heilige Bischof von Hippo (†430) beschreibt, wie das Verächtliche und Missfallene zum Dünger für die Erde werden kann. Denken wir nur daran, wie scheußlich die Jauche stinkt, die aber die Wiese des Bauern fruchtbar macht. Ich blieb bei diesem Satz dann hängen: „Was den Menschen verächtlich scheint, das befruchtet die Erde."

Wie kann das sein? Da dachte ich an den kürzlichen Besuch bei meinem geistlichen Begleiter. Mein Beichtvater machte mir bewusst, dass meine Macken und Fehler, meine Nachlässigkeiten und bewussten Unterlassungssünden von Gott verwandelt werden. Heute bekam ich von Augustinus das anschauliche Bild dazu: Mein „Mist" ist Dünger für die Erde, für mein eigenes Leben und das der anderen! Das erlebe ich ja auch: Meine Unzulänglichkeiten machen mich zum Menschen und zeigen mir, dass ich noch unterwegs bin und immer wieder umkehren muss, sie warnen mich davor, andere selbstherrlich zu verurteilen, und helfen mir, mit ihnen barmherzig zu sein. Mein „Mist" entpuppt sich als Gnade, wo ich ihn bewusst wahrnehme und etwas damit mache, d. h. Gott übergebe, damit er daraus etwas macht. Er schafft es. Ja, mein „Mist" ist Dünger, damit ich mich nicht erhebe und sogar aus meinen schlechten Seiten etwas neu wachsen kann!

„Bilderbuch"

Ich in einem Rockkonzert? Ja, das erste Mal in meinem Leben, als ich noch in Kremsmünster am Gymnasium unterrichtete. Und mir hat's gefallen. Wirklich großartig. Zwar sehr laut, aber das gehört wohl dazu.

Warum ich hinging? Der Gründer und Hauptakteur der Gruppe „Bilderbuch", die derzeit Furore macht, gab mit seiner Band ein Konzert in der Bezirkssporthalle Kremsmünster. Ich bekam eine Freikarte und mischte mich in meinem Ordensgewand unter die jungen Leute. Erstaunlich, wie viele ich kannte – derzeitige und ehemalige Schüler, junge Leute aus der Region, die ich durch den einen oder anderen Zusammenhang kenne. Sie waren alle gut drauf – und überrascht, mich bei diesem Konzert zu sehen: „Echt cool, dass du mit der Kutte da bist!" Und so wurde ich plötzlich zum beliebten Selfie-Motiv.

Als nach zwei Vorbands dann „Bilderbuch" so gegen 21:30 Uhr erschien (normalerweise liege ich zu dieser Zeit schon im Bett), musste ich schmunzeln. Das kecke Gesicht von Maurice Ernst war mir wohl vertraut von den Jahren, als er bei uns zur Schule ging und ich ihn von der 5. bis zur 8. Klasse Geographie unterrichtete. Er hat bei mir sogar maturiert. Ich habe jetzt nachgesehen, welche Fragen ich ihm gestellt hatte (als es noch keine Zentralmatura gab und sich der Lehrer schülergemäß die Themen zurechtlegen konnte): Kernstoff-Fragen über den Tsunami 2004 in Indonesien und über das Weltbevölkerungswachstum. Was er auf eine dieser zwei Aufgabenstellungen sagte, weiß ich nicht mehr, aber die lebhafte Beantwortung der Frage zum von ihm gewählten Spezialgebiet „Balearen" steht mir noch vor Augen. Auf den Maturazettel schrieb ich: „Herr Mayer wandelt auf den Spuren von Bruno Kreisky und möchte seinen Urlaub auf Mallorca verbringen. Du stehst als Vertreter eines Reisebüros bei einer Tourismusmesse und sollst ihn aufklären über sein Reiseziel ‚Balearische Inseln', über die er praktisch gar nichts weiß. Du hast in Herrn Mayer einen interessierten Menschen gefunden, der in fünf Minuten die gesamte Region kennenlernen will." Da konnte Maurice schon damals sein schauspielerisches Talent entfalten! Das war die Matura 2007. Nun, Jahre später: Maurice hat sich kaum verändert, ich dagegen habe viele weiße Haare bekommen. Gekonnt, wie dieser junge Mann die große Menge in den Bann zog.

Diese Art von Musik höre ich nie. In klassischen Konzerten, Theatern und Opern bin ich seit Jugendjahren anzutreffen – aber ein solches Konzert kenne ich nur von Fernseh- oder Filmausschnitten. Zuhause in Linz bei der weihnachtlichen Familienfeier hatte ich mein Wagnis angekündigt. Meine Nichte war begeistert, es wäre, als würde ich den Papst persönlich besuchen: „Ins Bilderbuch-Konzert, wo du sogar den

Hauptsänger persönlich kennst?" Plötzlich war der On-kel aus dem Kloster cool.

Das Konzert war zugleich die 10-Jahres-Feier von „Bilderbuch". Ihr erstes Konzert hielten sie im Theater-saal unseres Stiftes ab. Die Schüler von damals waren Profis geworden. Sie sangen von der Lust und Laune junger Menschen. Das steckte mich an. Viel Lebens-freude war drinnen, nichts Aufgesetztes. Das begeis-terte die jungen Leute um mich herum, sie sangen mit – ich war wohl der einzige der über 2000 Besucher, der noch kein einziges Lied von „Bilderbuch" gehört hatte –, sie tanzten, waren außer sich. Diese unbeschwerte Feier jungen Daseins hat mich beeindruckt.

Der Kardinal und die lärmenden Maturanten

In ganz alltäglichen Situationen auf die Leute zuzu-gehen, dafür hat mich Erzbischof Schönborn sensibi-lisiert, als er einmal diese Begebenheit Jugendlichen erzählte: Er saß im Zug, vertieft ins Brevier. Als er so betete, stieg in Kufstein eine Gruppe von Maturanten ein, die vom Flughafen Salzburg aus zu ihrer Feier-Des-tination in die Türkei fliegen wollten. Das bekam der Kardinal von den Gesprächen her mit. Die Jugendli-chen bemerkten ihn und erkannten ihn auch als Erz-bischof von Wien. Schönborn ärgerte sich, dass er nicht in Ruhe beten konnte. Das Sticheln der Maturanten nahm er hin. Nachdem sie in Salzburg ausgestiegen waren, wurde ihm plötzlich klar, welche Chance er verpasst hatte. Kardinal Schönborn wörtlich: „Mir wurde bewusst, wie verkehrt mein Ärger war, als die jungen Menschen schon etwas angeheitert hereinkamen und mich störten, dann sogar blöd über mich redeten. Ich war ihnen nicht wirklich begegnet! Warum hatte ich die jungen Leute nicht angeredet? Sie warteten wahrscheinlich darauf. Ich hätte gar nicht über den Glauben reden müssen. Wenigstens zur Matura gratulieren und alles Gute für ihre Reise wünschen – das wäre doch drin gewesen. Dann hätten sie gespürt: Der Kardinal geht auf uns zu. So aber war ihr Eindruck, ich hätte sie ignoriert oder wäre ihnen ausgewichen. Vielleicht wollten sie ja mit mir Kontakt aufnehmen, indem sie immer wieder zu mir herschauten und komische Bemerkungen machten. Für meine Feigheit schämte ich mich dann auf der ganzen Zugfahrt nach Wien."

Das Erbe von Mutter Teresa

Ich fuhr an einem freien Nachmittag in Rom vom schönen, gut situierten *Aventin* über die *Stazione Termini* zum Formationshaus der *Missionaries of Charity*, um eine junge Oberösterreicherin zu besuchen. Seit ihrem 15. Lebensjahr kenne ich Martina Husch. Jahrelang kam sie einmal im Monat zum „Treffpunkt Benedikt", unserem Glaubensprogramm für junge Leute, nach Kremsmünster. Sie war auch bei mehreren Jugendwallfahrten mitgefahren. Dann lernte sie in Wien die

Missionarinnen der Nächstenliebe kennen und trat in ihren Orden ein.

Bereits vor sechs Jahren habe ich sie dort besucht. Sie war damals eine von 26 europäischen Novizinnen im weißen Habit, praktisch alle im Alter von 20 bis 30 Jahren. Für die Zeit ihrer zeitlichen Gelübde wurde sie in die kleine Niederlassung der Mutter-Teresa-Schwestern in *Baku*, die Hauptstadt von Aserbaidschan, geschickt, wo sie sich in diesem mehrheitlich muslimischen Land um alte Menschen kümmerte. Nun ist sie zur letzten Etappe ihrer Ausbildung wieder in Rom in der *Via Casilina*, vom Bahnhof vielleicht 20 Minuten entfernt, in einem eher armen Stadtteil. Genau an diesem Ort war früher ein Kartäuserkloster. Sie bereitet sich nun ein Jahr mit 16 jungen Mitschwestern aus zwölf verschiedenen Ländern auf die ewigen Gelübde vor.

Ich kam eine halbe Stunde zu früh an, was sonst kaum der Fall ist, aber mit den unberechenbaren römischen Verkehrsverhältnissen passiert es sogar mir, einmal verfrüht anzukommen. Eine Schwester mit weißem Sari und blauem Saum (so wie wir dieses aus indischer Kleidung inspirierte Ordensgewand der Mutter Teresa kennen) öffnete mir das Tor und führte mich auf einen Vorplatz mit einem Garten auf der einen und Gebäuden auf der anderen Seite. Zufällig kam gerade Schwester Chiara Maria – Martina Huschs Ordensname – mit anderen jungen Schwestern mit vollen Obstkörben von der Ernte aus dem Garten. Sie war überrascht, mich schon zu sehen, und rief im oberösterreichischen Dialekt: „Wir ham grad Marün brockt."

Bis sie mit Tee und Keksen ins Sprechzimmer kam, blickte ich mich am Gelände des Ordenshauses etwas um. An vielen Stellen waren Zitate angebracht: an Hauswänden (oft mit Bildern von Heiligen) oder auf Holzscheiben, die liebevoll auf den Wegrand oder auf Steine gelegt wurden. Zwei Zitate prägten sich mir ein: „You have once said yes to Jesus. Do not now say no to him." – „Du hast einmal ‚Ja' zu Jesus gesagt. Sag jetzt nicht ‚Nein' zu ihm." Sowie: „What counts is not what we do but how we love." – „Nicht was wir machen zählt, sondern wie wir lieben." Auch ich hänge manchmal für eine bestimmte Zeit Karten mit Sprüchen oder Heiligenbildern in meinem Zimmer auf, um mich von ihnen inspirieren zu lassen. So kleine Erinnerungen können helfen, das alltägliche Leben geistlich werden zu lassen – d. h. „sich davor zu hüten, Gott je zu vergessen" (Benediktsregel 7,10).

Während unseres Gesprächs faszinierte mich an Schwester Chiara Maria, wie sicher sie in ihrer neuen Identität als Ordensfrau wirkt. Dabei würden viele meinen, sie hätte kein freies Leben: Aufstehen um 4:40 Uhr, um 21 Uhr die Komplet, dazwischen abwechselnd gemeinschaftliche und persönliche Gebete, Essenszeiten, Unterricht, Apostolat (Besuch bei den Armen der Stadt). Außerhalb des Formationshauses mit seinem schönen Garten ist sie immer mit zumindest einer Mitschwester unterwegs.

Die eine Stunde Anbetung täglich sei das Schönste ihres jetzigen Lebens bei den Missionarinnen der Nächstenliebe. „Manchmal erinnere ich mich, dass ich mir vor meinem Eintritt genau das gewünscht habe, was ich jetzt bin und mache." Besonders wichtig ist für sie auch die Gewissenserforschung zweimal am Tag. „Am Anfang habe ich den Sinn dieser jeweils 5-minütigen Gewissenserforschung nicht gesehen. Doch jetzt merke ich, wie hilfreich es ist, sich bewusst zu werden, was in einem halben Tag gut war und was nicht. Alles Jesus übergeben. Ihn um Hilfe bitten. Dann, mitten im Putzen oder Kochen, merke ich, dass ich aufmerksamer geworden bin und kurz überlege, bevor ich etwas sage oder einer Mitschwester antworte."

Was ein solches Leben erfüllend – und auch erst verständlich – macht, ist die totale Hingabe an Gott. Ablenkungen sollen möglichst ausgeschaltet werden, nur eines zählt und dieses Eine, das intime Leben mit Gott, lässt sich nur schwer beschreiben. Ich zuckte zusammen, als sie anmerkte, dass ihr früheres Leben in Österreich immer mehr in den Hintergrund tritt. Und doch empfand ich das als stimmig. Um nichts in der Welt möchte sie ihr Leben gegen ein anderes eintauschen, sie fühlt sich ihrer Familie, ihren Freunden in Österreich zutiefst verbunden, aber auch wieder entzogen. Das ist schmerzlich und schön zugleich, tragisch und erhebend. Meinte das Jesus mit der Fülle des Lebens und mit seinem Wort, dass seine Jünger und Jüngerinnen schon auf dieser Welt alles zurückerhalten werden?

Für mich war dieser Besuch eine Bestärkung, alles auf Gott zu setzen – ganz von ihm her zu leben, im Vertrauen, nicht enttäuscht zu werden. Wir knieten in der Kapelle nebeneinander. Diese Stille und die gemeinsame Ausrichtung auf Gott waren wichtig nach dem langen Gespräch. Wir segneten uns. Dann zeigte sie mir das ganze Anwesen. Sie stellte mir ihre Mitschwestern vor, die durch viele Erzählungen wussten, wer ich bin und was der „Treffpunkt Benedikt" ist. „Ich erzähle ja so viel von euch!", bemerkte Martina, und wieder tauchte diese schmerzlich-schöne Dimension auf, von allen getrennt und auf neue, andere Weise mit allem und allen verbunden zu sein. Evagrius Ponticus (†399) definierte den Mönch als jemanden, der von allem getrennt und doch mit allen tief verbunden ist. An diesem Nachmittag erlebte ich, was er selbst – aus Konstantinopel kommend – in der ägyptischen Wüste erfahren haben musste und was meine eigene tiefe Sehnsucht vor dem Klostereintritt war und immer neu ist.

Tatort Traunsee: Mission von unten

Zwei Tage verbrachte ich beim Jugendfestival *Awake the lake* in Gmunden. Kirche entsteht dort, wo Christen und Christinnen einfach loslegen, selbst Freude an Jesus Christus haben und andere für den Glauben begeistern können.

Das Beispiel eines Tages: Wir begannen mit dem Morgengebet. Gute Musik, klare Struktur – da war kein Priester notwendig, ich war ein Teil der Gruppe. Warum treffen sich Katholiken so selten, um einfach zusammenzukommen und Gott ins Zentrum zu stellen? Es gäbe doch so viele Anlässe, Formen und Möglichkeiten, das auch ohne Priester zu tun! Dann gab es einen großartigen Impuls von einem vielleicht 60-jährigen Lehrer aus Salzburg, der gerade Großvater geworden ist. Über das christliche Leben müssen doch nicht immer nur Theologen und Kirchenangestellte sprechen. Wir gingen in zwei Gruppen los und wussten, es würde eine *Challenge*. Darunter konnte ich mir wenig vorstellen. Ich war nur informiert worden, es würde um 13:30 Uhr eine Bergmesse am Gmundnerberg geben, die ich auch inhaltlich vorbereitet hatte. Nach ca. 15 Minuten Wanderung hielt unsere Gruppe an. Uns wurde erklärt, dass nun die restliche Stunde jeder und jede für sich ganz allein gehen sollte, im Schweigen. Ein Jugendlicher drückte mir einen Zettel und einen Kugelschreiber in die Hand und gab mir den Auftrag, meine Wunden aufzuschreiben – so wie es im Impuls geheißen hat: Wunden wahrnehmen und benennen. Bei der nächsten Station schärfte mir ein Jugendlicher ein: „Du hast jetzt deine Wunden angeschaut. Nun, Pater Bernhard, halte sie Gott hin und erzähl ihm, was du dabei erlebst und was dich da genau bedrückt." Ich war bewegt, wie ein vielleicht 20-Jähriger mich ansprach und zum Dialog mit Gott aufforderte. Er hatte überhaupt keine Scheu, den Mönch, Priester und promovierten Theologen zum nächsten Schritt der Glaubensrallye aufzufordern.

Einige Zeit später (ich war schon ziemlich ins Schwitzen gekommen) wartete eine Gruppe junger Leute bei der nächsten Station. Ob ich Wasser wolle, strahlte mich eine hübsche junge Frau an. Einer von der Gruppe deutete dann auf ein Holzkreuz in einiger Entfernung am Weg, wo sich auch Nägel und ein Hammer befinden würden. „Schlage jetzt deinen Zettel einfach ans Kreuz und geh dann weiter befreit zur nächsten Station." Ich tat es und dachte an das, was ich auf den Zettel geschrieben hatte – meine Schwierigkeiten mit mir selbst, die Dinge, wo ich mir selbst zum Hindernis werde. Ich ging weiter und hörte hinter mir, wie Nachkommende ihre Zettel ans Kreuz hefteten. Sonst war es still, niemand redete oder machte Lärm, alle waren sichtlich konzentriert.

Fast schon oben auf dem Berg die letzte Station: Ein Korb mit Tennisbällen. Ich solle einen Ball in den einige Meter vor mir aufgehängten Kübel werfen. „Wenn du triffst, bekommst du einen Essensgutschein für die Mittagsjause", sagte mir ein Mädchen. Ich traf erst beim zweiten Mal – „Na, weil du es bist, bekommst du trotzdem einen Coupon", meinte sie lächelnd. Nach der Reihe kamen auch die anderen. Wir hielten Mahl und entspannten uns. Bei der Bergmesse hatte ich erstmals in meinem Leben Ministranten, die barfuß gingen – und alle waren trotz der Hitze gut gelaunt. Die Musikband hatte ihre Instrumente mitgenommen, vorbeigehende Leute waren erstaunt, wie viele junge Menschen hier beteten. Während der Messe stand das Kreuz mit den vielen angehefteten Zetteln vor dem Altar. Am Schluss nahmen die Ministranten die Zettel herunter und wir verbrannten sie in einer Schale. Nur Gott weiß, welche Nöte und Probleme draufgeschrieben waren.

Nach dem Abstieg gingen wir im Traunsee schwimmen. Das ist ja ein gutes Zeichen für eine gediegene katholische Veranstaltung: dass Katholiken intensiv beten und genauso gerne fit und spritzig die Schönheiten der Welt genießen. Beim Abendessen nach dem Segensgebet bekam ich nicht als Erster das Essen, sondern erst als der Tisch an der Reihe war, an dem ich saß. Dieses Da-Sein unter Jugendlichen ohne Sonderbehandlung empfand ich als stimmig.

Ökumene – eine Sache von gestern?

Wieder begingen wir die alle Jahre im Jänner ausgerufene Woche für die Einheit der Christen. Ist uns die Ökumene noch ein Anliegen? Ich bin ehrlich gesagt etwas besorgt, dass sie gerade bei manchen jungen Katholiken keine Rolle mehr spielt: Entweder halten sie den eigenen Glauben ohnehin für obsolet und finden, dass es zwischen „katholisch" und „evangelisch" keinen Unterschied mehr gibt; oder sie wollen so sehr katholisch sein, dass sie finden, die anderen könnten ja wieder zurückkehren, uns würde durch die Trennung nichts abgehen. Beides ist ein großer Irrtum: Es gibt bleibende Unterschiede zwischen den Konfessionen, die nur durch große gemeinsame Anstrengungen überwunden werden können – und müssen. Und es ist ein Skandal, dass es von uns getrennte Christen gibt. Der Geist Gottes wirkt jedenfalls auch außerhalb der katholischen Kirche, weshalb alle Regungen des christlichen Glaubens für uns Bedeutung haben! Das ist gute kirchliche Lehre.

Früher in der Schule und jetzt an der Uni in Rom lade ich gerne Menschen anderer Konfessionen ein. Da sehen dann der Schüler und die Studentin, dass uns viel mehr verbindet als trennt. Ehrlich gesagt kenne ich etliche evangelische Christen, denen ich mich religiös und theologisch näher fühle als so manchem katholischen Priester oder Theologen. Die Kontakte während meiner Doktorarbeit über den evangelischen Theologen George Lindbeck dauern gerade von protestantischer Seite her bis heute an; ohne den Glauben dieser Menschen – und ihrer Bekenntnisgemeinschaften! – wäre mein Glaube viel ärmer. Umgekehrt kommen immer wieder Evangelische in unser Kloster, die unsere Lebensweise sehr bereichernd für ihren Glauben finden.

Von Muslimen beten lernen

In einer Schulstunde habe ich die Kraft des Gebetes anderer Konfessionen und Religionen kennengelernt. Es war eine erste Einheit in einer 2. Klasse in unserem Stiftsgymnasium. Die 12-Jährigen beten lehren, das ist doch für mich als ihr Religionslehrer ein vorrangiges Ziel. Ich wollte nicht das allgemeine Schulgebet einmal mehr herunterleiern lassen und fragte sie: „Wie können wir denn beten?" Fragende Gesichter kamen mir entgegen. Da schoss mir der Gedanke durch den Kopf: Frag doch „die anderen"! In der Klasse sind zwei Musliminnen und ein Schüler aus Serbien. Sie sitzen auch im Religionsunterricht in der Klasse und tun oft recht eifrig mit.

Also fragte ich: „Beriwan, betest du?" – „Natürlich. Immer in der Früh und am Abend." – „Sag uns doch, wie du betest!" Und sie sprach auf Arabisch ein Gebet. Den anderen Schülern und Schülerinnen blieb der Mund offen vor Staunen: Das hatten sie noch nie „live" gehört! Beriwan fügte hinzu, dass sie nach diesem Gebet in der Stille drei Dinge tut: „Erstens nachdenken, was ich mir für diesen Tag wünsche, zweitens an bestimmte Menschen in Liebe denken, drittens überlege ich mir, was ich mir für diesen Tag besonders vornehme."

Das übernahm ich sogleich: Ich sprach ein freies Gebet zu Christus. Dann lud ich die Schüler ein, sich für diesen Tag etwas zu wünschen, an liebe Menschen zu denken und einen Vorsatz zu machen. Alle waren voll dabei. Schließlich ein Abschlussgebet. Die zweite Muslimin in der Klasse sagte dann noch ein Gebet auf Türkisch und der orthodoxe Schüler eines auf Serbisch – ganz selbstverständlich. Meine österreichischen, zumeist vom Glauben nur am Rande berührten katholischen Schüler sahen, dass Religion eigentlich das Selbstverständliche und Normale ist und wir uns in Mitteleuropa fragen müssen, ob die Abwesenheit von Religion, die Sprachlosigkeit beim Gebet nicht das Fragwürdige ist.

Ja, wir können voneinander lernen und uns gegenseitig ermutigen, die Welt des Glaubens ernst zu nehmen. Andere Konfessionen und Religionen brauchen uns nicht fremd zu bleiben oder zur Bedrohung zu werden: Im Alltag können wir sie als Bereicherung erleben!

Für die Ewigkeit

Kürzlich schrieb mir eine Studentin: „Ich komme gerade aus der Kirche zurück und bin noch ganz erfüllt von den Worten des Pfarrers, der heute in seiner Predigt ein Zitat von irgendeinem Heiligen verwendete, das mich nicht mehr loslässt. Es hieß: ‚Was nützt es mir für die Ewigkeit?‘ – Diesen Ausspruch sollten wir doch öfters, meinte er, in unserem Alltag anwenden und uns bei unseren Handlungen und Begegnungen fragen: ‚Was nützt mir das für die Ewigkeit? Was nützt es mir vor Gott? Sind es nur Dinge, die wir auf Erden benötigen, oder sind sie im Himmel auch noch etwas wert?‘"

Und dann fügte die Studentin gleich ein Beispiel aus ihrem Alltag an: „Heute bin ich extra wieder früh aufgestanden, um viel zu machen für die Uni. Die Abschlussprüfungen stehen an, und es gibt noch viel zu lernen. Und gerade als ich mich an den Schreibtisch setzte, schrieb mir ein guter Freund und bat um ein Gespräch. Mir war schon klar, dass das keine Sache von zwei Minuten werden würde. Also riefen wir uns zusammen und redeten. Und obwohl ich nach dem langen Gespräch kurz verärgert auf den großen Lernstapel schaute, war ich sogleich auch froh, dass wir so lange geredet haben. Nun fühle ich mich durch das Zitat bestätigt, denn was nützt mir das Lernen in der Ewigkeit im Gegensatz dazu, dass ich einem Freund mein offenes Ohr schenkte?"

Grenzerfahrungen

Sich selbst organisieren lernen

„Seit ich dich kenne, hast du unwahrscheinlich viel zu tun", sagen Freunde und Freundinnen. Wieder habe ich viele Vorträge, Predigten und Artikel zugesagt, die neben dem Alltagsbetrieb Vorbereitung brauchen. Unvorhergesehene Gespräche, Besprechungen, Auswärtstermine kommen laufend dazu. Mein Schreibtisch und die angrenzenden Ablageflächen gleichen dann manchmal einer Altpapierdeponie.

Eine pensionierte Managerin, die gerne zur Sonntag-Abendmesse in die Stiftskirche Kremsmünster kam, gab mir einmal einige Tipps: Den Schreibtisch sofort freimachen! Und zwar am besten im Stehen. Tatsächlich: Immer wieder rücke ich den Schreibtischsessel zur Seite und ordne liegengebliebene Ansprachen, Protokolle, Poststücke und viele Memos, die ich noch lesen oder weiterverarbeiten muss. Ein Teil landet sofort im Papierkorb. Manches notiere ich im Kalender, das eine oder andere werde ich zu späterer Zeit wieder aus einem Ordner hervorholen und erledigen.

E-Mails lieber gleich kurz erledigen, als sie ausführlich zu einem späteren Zeitpunkt formulieren; manche in einen eigenen Ordner verschieben, aber sie doch innerhalb einer absehbaren Zeit an die Reihe kommen lassen. Das bleibt für mich die größte Herausforderung: die vielen E-Mails, die täglich eingehen, möglichst schnell abzuarbeiten. Da hilft es, kurze Freiräume zu nutzen und die eine oder andere E-Mail gleich zu erledigen. Diesen Tipp gab mir der frühere Rektor der

Universität Salzburg, Heinrich Schmidinger, der dafür bekannt ist, vielen Menschen persönlich in relativ kurzer Zeit geantwortet zu haben.

Ich klagte der erwähnten Managerin, dass ich oft eine Sache beginne, dann eine andere fortsetze oder plötzlich einen Anruf bekomme, dann dieses Anliegen aufnehme und die zuvor begonnene Arbeit nicht zu Ende führe. Oft kommt mir auch etwas in den Sinn, was ich dann gleich machen möchte. Hier gilt es ihrer Meinung nach, das Prinzip der „Sofortlösung" anzuwenden, Zwischenlösungen möglichst zu vermeiden und etwas in einem Schritt zu Ende zu führen, ohne hemmenden Perfektionismus.

Natürlich braucht es auch immer wieder Zeiten konzentrierten Schaffens, um unliebsamen Kleinkram über die Bühne zu bringen. So nehme ich mir oftmals am Freitagnachmittag Zeit, Liegengebliebenes zu erledigen oder fix für eine andere Zeit vorzusehen und vor allem E-Mails aufzuarbeiten. Manchmal brauche ich dafür Zeit am Wochenende. Wenn meine Mailbox dann leer und der Schreibtisch frei ist – welch ein erhebendes Gefühl! Wichtig ist jedenfalls, dass wir uns selbst organisieren und Dinge nicht zu lange aufschieben. Aber auch die Feststellung eines Exerzitienleiters war hilfreich für mich: „Du hast so viele Vorhaben und Ideen, du musst dich einfach damit abfinden, nicht alles umsetzen zu können, vor allem nicht so, wie du es gerne machen würdest. Ideenreichtum ist ein Ausdruck deiner Kreativität, lerne aber zu akzeptieren, dass nicht alles möglich ist."

Zum Schmunzeln brachte mich in diesem Zusammenhang ein Besuch im Büro des australischen Trappistenpaters Michael Casey. Er hielt für Jahrzehnte Vorträge in der ganzen Welt, schrieb unzählige Artikel und 25 Bücher, von denen elf ins Deutsche übersetzt wurden. Sein Büro – ein Chaos! Lächelnd, jedoch durchaus im Ernst, meinte er: „Ich glaube, mir hilft beim Schreiben die äußere Unordnung, um mich zu konzentrieren, die Gedanken zu strukturieren und innerliche Ordnung zu haben."

Wenn man erschöpft ist

Angesichts meiner Aufgaben in Rom stoße ich manchmal an meine persönlichen Grenzen. In einem solchen Moment rief ich kurzerhand einen mir bekannten Psychologen an, mit dem ich in meiner Zeit als Novizenmeister gut zusammengearbeitet hatte, als es um die Aufnahme junger Kandidaten ins Kloster ging. Seine Art und Weise, die Dinge zu sehen, hat mich beeindruckt und gelehrt, manches anders zu sehen und neu zu verstehen.

Ich bat ihn, mir zu sagen, worauf ich bei übermäßiger Belastung Acht geben müsse. Der Schlaf sei das Wichtigste, sagte er sogleich. Bei einmal wöchentlich vorkommenden Schlafproblemen sei bereits von einer regelmäßigen Schlafstörung zu sprechen. Der Risikofaktor schlechthin sei der Perfektionismus. Dieser führe dazu, permanent das Gefühl zu haben, hinter den Anforderungen zurückzubleiben und den Dingen hinterherzulaufen. Eine solche Disposition behindere einen notwendigen Erholungsrhythmus. Man erreiche dann kaum einen Zustand, in dem man zufrieden ist. Dadurch vermindere sich das Leistungsvermögen. Zumindest einmal in der Woche brauche man das Gefühl, alles den Umständen entsprechend gut erledigt zu haben, um eine Pause einlegen zu können. Deshalb sei ein Wochenrhythmus so wichtig.

„Ich muss Ihnen nichts über die Bedeutung des Sonntags sagen", meinte der Psychologe. Ich zuckte zusammen, denn mir stand vor Augen, wie ich und viele andere in Ordenshäusern den Tag des Herrn gestalten. „In Erholungsphasen müssen Sie zwei bis drei Stunden abschalten können. Darüber hinaus ist tägliches *Powernapping* eine wichtige Ressource, ein aktives Abschalten, durch das bis zu 25 Prozent mehr an Leistung am Nachmittag möglich ist."

Wir sprachen auch über die Gestaltung von Wochenenden. Eine Falle ist, so der Experte, zu glauben, ich könne mich nur erholen, wenn ich wegfahre: „Das würde bedeuten: Dieses Wochenende bin ich zuhause, also muss alles wie gewohnt weitergehen." Wie dann freie oder halbfreie Tage nutzen? „Wenn Sie während der Woche viel Bewegung machen, ist in der freien Zeit Ruhe angesagt. Wenn Tätigkeiten am Schreibtisch und bei Sitzungen vorherrschen, ist in Erholungsphasen Bewegung angesagt, wohl dosierte Bewegung. Der Sport am Wochenende darf nicht übertrieben werden, sonst hilft er nicht beim Abschalten."

Was in der Betriebsamkeit des Alltags überhandnimmt, sollte in Erholungsphasen ausgeglichen werden: Wenn es viel Kontakt mit Menschen während der Arbeit gibt, liegt die Erholung darin, weniger und nur gezielt Personen zu treffen. „Wer während des Jahres wenig liest, kann durchaus im Urlaub viel lesen – und umgekehrt." Beim Thema Urlaub überraschte mich der Psychologe: „Machen Sie ganz etwas anderes! Die Abwechslung tut gut. Verlassen Sie den Alltagskontext!" Wochenlang den ganzen Tag nichts zu tun, sei wenig hilfreich. „In eine andere Erlebniswelt einzutauchen, hat großen Wert!" Reisen etwa macht neugierig und bringt einen anderen Rhythmus. Natürlich darf dabei – wie bei der Bewegung – kein neuer Stress aufgebaut werden, kein Perfektionismus durchschlagen, der alles genau plant und möglichst viel unterbringen muss. Freiheit und Spontaneität sind hier Schlüsselworte, womit ein Raum eröffnet ist, in dem ich das tun kann, wohin es mich zieht, was mir Freude bereitet, auch wenn es zuweilen anstrengt.

Offenbar spürte mein Gesprächspartner, dass ich dem Urlaub zu viel Bedeutung zumesse: „Entscheidend ist nicht der Urlaub, sondern die alltägliche Gestaltung. Es bringt auch nichts, drei Wochen gesunde Nahrung zu sich zu nehmen und ansonsten das ganze Jahr über fette Speisen zu essen. Wenn Sie sich von September bis Juni wie im Hamsterrad fühlen, können die Sommerwochen kaum Abhilfe leisten."

Was mir aus der Tradition und Spiritualität des Mönchtums vertraut ist, formulierte er auf diese Weise: „Es hilft, fixe Orte zu haben, an denen Sie einen erwünschten Zustand erreichen. Dieser wird dann mental programmiert." Orte wie den nahegelegenen Orangengarten mit Blick über die Stadt Rom regelmäßig aufzusuchen, hat offenbar einen größeren Wert, als ich dachte. Diese Orte „mental abgespeichert", verbinde ich also mit einem Zustand der Erholung und des Bei-mir-Seins (*habitare secum*, wie Gregor der Große über den hl. Benedikt schreibt, als er nach einer Erfahrung des Scheiterns in seine Höhle zurückkehrte: Er wohnte bei sich, er war wieder in sich zuhause). Und das gehöre ritualisiert, sagt der Psychologe.

Bei diesem Telefongespräch machte mir der Psychologe bewusst: Oft angespannt zu sein und das Gefühl, Anforderungen nicht gerecht zu werden, führen zur Abnahme von Sensibilität und Selbstwert. Es braucht das Innehalten, Zeiten, in denen man das Gefühl hat: Es passt, ich habe etwas erreicht, ich darf zufrieden sein und ausspannen. Dadurch steigt die Selbstwertschätzung – die beste Vorbeugung gegen Erschöpfung.

Der Terminkalender, mein Freund

Manchmal blicke ich mit Erschrecken auf die vielen Termine in meinem Kalender. Ein Zitat von Pater Odilo Lechner (1931–2017), der 39 Jahre Abt der Benediktinerabtei St. Bonifaz in München war, hat mir eine neue Perspektive geschenkt: „Ich wünsche dir, dass du deinen Terminkalender nicht als einen Tyrannen erfährst, sondern als deinen Freund. Er mache dich auf Wichtiges aufmerksam und halte dir Freiräume offen, dich selbst zu finden."

So versuche ich immer wieder, in meinem Terminkalender nicht nur anstehende Termine, sondern auch Freiräume zu sehen. Die unverplanten Zeitspannen sind allerdings zu verteidigen und nur bei wichtigen Dingen zu füllen. Es ist eine Frucht des Lebens im Kloster, dass ich lernen durfte, mit kurzen Zeiträumen etwas anzufangen. Mehrere Gebets- und Mahlzeiten strukturieren den Tag, machen dadurch aber auch die einzelnen Einheiten kostbarer. Menschen, die im Kloster mitleben, um kontinuierlich an einer Sache zu arbeiten, sagen: „Obwohl ich bei euch mehr Zeit für Gebet und Essen in aller Ruhe verwende, kann ich zügiger Dinge durchziehen als in meinem gewohnten Umfeld." Eine festgelegte Tagesstruktur bringt mehr Effizienz und kann Freiräume besser garantieren, als wenn jemand in den Tag hinein lebt.

Mein früherer geistlicher Begleiter in Österreich gab mir einmal den Merksatz mit auf den Weg: „Eines nach dem anderen, alles in dir, mein Gott." Dies sich in dichten Arbeitsphasen vorzusagen, beruhigt und richtet den Blick auf Gott, von dem her sich vieles relativiert. In Rom habe ich einen italienischen Mönch als geistlichen Begleiter. Dieser sagte einmal ganz lapidar: „Wenn sich etwas nicht ausgeht, bleibe gelassen. Es gibt dafür meistens einen neuen Tag." In der Tat regen sich die Menschen in Italien nicht so schnell auf wie bei uns, wenn etwas nicht pünktlich eintrifft oder nicht sogleich funktioniert. Mein geistlicher Begleiter wird jedoch streng, wenn es um ein *Laissez-faire* im geistlichen Leben geht, und schärft mir ein: den Sonntag frei halten, zusätzlich einen halben Tag tun, was mir Freude bereitet, *lectio divina* jeden Tag wie auch ruhige Lesezeit am Morgen, denn sie bringt Erholung für den Körper und seelisches Gleichgewicht, und nach Möglichkeit das Handy von der Vesper bis nach dem Frühstück am nächsten Tag ausgeschaltet lassen.

Wenn es mir gelingt, freie Zeiten einzuhalten, bewahrheitet sich, was der amerikanische Philosoph Mortimer J. Adler (1902–2001) geschrieben hat: „You have to allow a certain amount of time in which you are doing nothing in order to have things occur to you, to let your mind think." – „Du musst dir eine gewisse Zeit des Nichtstuns gönnen, damit Dinge mit dir geschehen, die den Geist denken lassen."

Neue Gedanken, die mir kommen, weil ich ihnen Raum gebe. Sie ereignen sich, abseits vom alltäglichen Treiben, jenseits starrer Planung. Das steht aber nicht im Gegensatz dazu, bewusst den Alltag zu gestalten und mich zu fragen: Worauf möchte ich besonders achten? Wofür muss ich fixe Zeiten einräumen, damit die zentralen Anliegen nicht unter die Räder kommen? Dafür aber auch: Welche zeitraubenden Dinge soll ich begrenzen bzw. an feste, abgesteckte Zeiträume binden, damit sie nicht ausufern? Und schließlich: Welchen Personen möchte ich mehr Zeit schenken, die sich nicht aufdrängen wie zu erledigende Arbeit, die aber für mich wichtig sind oder mich schlichtweg brauchen?

Theologie der Ruinen

Leider haben wir in unserer Heimat kaum Ruinen. Auf Reisen können wir sie allerdings bestaunen und begehen: jene einst mächtigen, schönen Bauten, von denen heute nur noch Reste übrig sind.

Im Ausland habe ich schon großartige Ruinen gesehen. Warum ich in diesem Zusammenhang von „großartig" spreche? Weil sie von einer früheren Größe erzählen, die heute meine Vergänglichkeit deutlich macht. Ruinen gehen meist auf Menschen zurück, die schon vor Jahrhunderten lebten. Heute sind die Schlösser, Burgen und Kirchen nur noch ansatzweise erkennbar. Die Familie ist ausgestorben, eine Katastrophe brach herein, Gebäude wurden mutwillig zerstört. In den Klageliedern des Alten Testaments werden die Ruinen Jerusalems besungen. Alles ist zerstört, Bitterkeit und Wut breiten sich aus. Und doch heißt es am Ende von fünf Kapiteln: „Kehre uns, Herr, dir zu, dann können wir uns zu dir bekehren. Erneuere unsere Tage, damit sie werden wie früher."

Ich finde, Ruinen sagen viel über die Welt und mein Leben aus. Deshalb besichtige ich sie näher, sehe mir die stehen gebliebenen Mauern an, versuche zu erahnen, wie das ganze Gebäude ausgesehen hat und die darin wohnenden Menschen gelebt haben. Besonders in verfallenen Klöstern klettere ich herum, möchte jede Wand betrachten und überlegen, wo was war. Andere finden das merkwürdig; ich bin da so richtig in meinem Element.

Der geistliche Wert von Ruinen ist immens: Jeder von uns hat Ruinen in seinem Leben. Da sind Dinge in meiner Geschichte, die einmal gut aussahen, hoffnungsvoll in die Zukunft wiesen. Aber heute müssen wir sagen: Es sind nur traurige Reste übriggeblieben. Das gilt von Freundschaften genauso wie von Familien, die auseinandergegangen sind oder durch Todesfälle so nicht mehr existieren. Wenn der Opa gestorben oder die Mama nicht mehr im Elternhaus ist, bleibt eine nie mehr zu füllende Lücke. Eine Ruine bleibt in der Seele zurück.

Oft sind es die Pläne und Träume für die Zukunft, die herb enttäuscht wurden. Wir können nicht alles verwirklichen, was wir uns einmal vorstellten. So ist unsere Seelenlandschaft übersät mit unfertigen oder eingestürzten Gebäuden. Sie verwuchern, doch sie lassen sich nicht so leicht ausradieren. Ihre Wände fallen nicht sofort zusammen, sondern erinnern uns an eine nicht nur rosige Vergangenheit. Heute großartig scheinende Dinge, Erfahrungen, Personen können Ruinen von morgen sein.

Es ist das Wesen von Ruinen, dass sie von Menschenhand nicht so ohne weiteres aus dem Weg geräumt werden können. Nur künstlich kann man das frühere Gebäude wieder herstellen. Ruinen erinnern uns, dass nicht alles in unserem Leben ein *Happy End* hat. Wir sollten sie deshalb nicht ignorieren, sondern unsere eigenen Ruinen wahrnehmen, sie akzeptieren, über sie trauern – und sie dann Gott übergeben.

ER wird selbst unsere Ruinen wieder aufrichten und zu schönen Gebäuden machen. Was ich früher einmal falsch gemacht habe, kann ich nicht einfach wieder gutmachen, aber Gott wird es fügen. Das nennen wir Paradies: wenn unsere Ruinen auf Erden in der Ewigkeit wieder hergestellt werden. Bis dahin tun wir gut daran, Ruinen in der Landschaft als Sinnbilder unserer Seele zu sehen, die uns viel zu sagen haben!

Menschen anders sehen

Religion will uns in vielerlei Hinsicht zur Umkehr bewegen – damit wir „gottfähig" werden und immer mehr nach der Logik des Reiches Gottes denken, reden und handeln. Der evangelische Theologe und Märtyrer Dietrich Bonhoeffer (1906–1945) schrieb in „Rechenschaft an der Wende zum Jahr 1943" aus dem Gefängnis Berlin-Tegel: „Wir müssen lernen, die Menschen weniger auf das, was sie tun und unterlassen, als auf das, was sie erleiden, anzusehen."

Wie jede pointierte Aussage kann man natürlich diesen Satz falsch verstehen. Selbstverständlich müssen Menschen für das, was sie sagen und tun, geradestehen. Aber in diesem Ausspruch geht es um eine tiefere Weisheit: Wenn wir sähen, was andere an Last ihres Lebens mittragen, warum sie derart reagieren und einfach so sind, dann würden wir ihnen am besten gerecht. Ja, woran leiden sie denn? Sind wir nicht oft schnell versucht, den einen oder die andere zu verurteilen, sie abzustempeln, schlecht über sie zu reden? Was ist damit aber gewonnen? Nichts! Deshalb: Die Menschen in ihrem Leid sehen – und sie so besser verstehen lernen.

Das Kreuz

Wie kann der Glaube auch über eigene Probleme hinweg Bestand haben und vertieft werden? Indem wir das Kreuz nicht leugnen, sondern ins Zentrum stellen. Bei jungen Menschen merke ich: Sie bitten Gott für eine gute Schularbeit, dass dieses und jenes geschieht – und das ist recht so. Es passt zu ihrem kindlichen Glauben. Dieser muss aber auch erwachsen werden, nüchterner und herber. Denn es gibt viele Enttäuschungen im Leben, und vieles, worum wir bitten, tritt nicht so ein, wie wir es uns denken. So spricht der Herr: „Meine Gedanken sind nicht eure Gedanken und eure Wege sind nicht meine Wege." (Jes 55,8) Das hat auch Jesus erfahren – ganz Gott und ganz Mensch. Er bittet am Ölberg: „Vater, lass diesen Kelch des Leidens an mir vorübergehen." Dennoch wird er verhaftet, gefoltert, hingerichtet. Ist sein Gebet nicht erhört worden? Doch. Er hat ja auch am Ölberg hinzugefügt: „Nicht mein Wille geschehe, sondern dein Wille."

So ist das Kreuz für uns ein erschütternder Ausdruck, dass Gott das Leid nicht von uns nimmt – auch wenn wir ihn darum bitten –, sondern im Leid selbst zu finden ist und daraus Großes macht: neues Leben. Beten wir also, dass wir uns ganz Gott hingeben können und ihm letztlich alles überlassen – auch unsere Wünsche und Pläne. So entsteht ein erwachsener Glaube, der weiterhin wie ein Kind alles von Gott erwartet, der aber auch bitter erfahren hat, dass Gott unbegreiflich bleibt – und sein „Wille" nie zu durchschauen ist. Verdrängen wir das Kreuz nicht aus unserem Leben und Glauben! Sonst wird beides oberflächlich.

Tun wir also nicht so, als ob wir als Gläubige alles genau wüssten und Gott nur bitten bräuchten – und schon geschieht es. Gereifter Glaube ist kein „Erfüllungsmechanismus". Deshalb ist das Kreuz so wichtig. Mit den Worten unseres Papstes Franziskus: „Wenn wir ohne das Kreuz vorangehen und wenn wir einen Christus ohne Kreuz bekennen, dann sind wir keine Jünger des Herrn; dann sind wir weltlich, aber nicht Jünger des Herrn. … Haben wir den Mut, mit dem Kreuz des Herrn voranzugehen; die Kirche auf dem Blut des Herrn aufzubauen, das am Kreuz vergossen wurde; und die eine Herrlichkeit zu bekennen: Christus, den Gekreuzigten. So wird die Kirche vorankommen."

Gott ist wie eine Mutter, die …

In der Stimme des jungen Mannes lag eine große Belastung: „Wir waren bei Ihnen, bevor wir geheiratet hatten. Meine Frau ist schwanger, aber unser Kind hat ein großes medizinisches Problem. Morgen müssen wir wieder ins Spital. Können wir heute noch zu Ihnen kommen?"

Als sie vor der Kirche standen, sah ich viel Schmerz in den Augen des jungen Paares. Ja, jetzt erinnerte ich mich wieder an sie. Wir sprachen und beteten. Wie weh es tut, ein Kind zu erwarten, das vielleicht nicht überleben wird! Der Mann sprach immer von „wir" – das fand ich schön: „Wir sind gerade in der 23. Schwangerschaftswoche." Gott muss sich ähnlich mit uns identifizieren, dachte ich nachher, als ich diesen Vater und seine schwangere Frau mit dem Segen entließ und davongehen sah. Morgen gehen sie ins Spital. Sie legten ihre kleine, ungeborene Tochter in die Hände Gottes. Wir haben darum gebetet, dass der Segen auf diesem Kind liegt. Ob es auf dieser Erde Schritte tut oder nicht – es liegt in seiner Hand. Die junge Mutter sagte nicht, dass sie bete, dass das Kind gesund werde. Das ist wohl ihr Anliegen, aber sie weiß, dass sie es verlieren kann. Was sie aber sagte: „Hoffentlich wird es unserem Kind morgen im Krankenhaus nicht weh tun." Da dachte ich wieder an Gott und erahnte plötzlich, wie groß seine Liebe für uns sein muss – wie die einer Mutter zu ihrem Kind: Es geht mir nicht um mich, Hauptsache dir geht es gut – wo auch immer!

Über den Tod hinaus

Ich möchte einem 51-jährigen Mann hier ein Andenken setzen. Sein Sterben hat mich betroffen gemacht, nachhaltig beschäftigt und – seltsamerweise – mit tiefem Frieden und großer Zuversicht erfüllt. Gerade auf einer Auslandsreise, erhielt ich die E-Mail von ihm. Er erlaubte dann später am Sterbebett, dass ich diesen Brief veröffentlichen kann, den ich hier etwas anonymisiert und verkürzt wiedergeben möchte:

Lieber Herr Pater Bernhard!

Ich kenne Sie schon seit Jahren und mein ältester Sohn (19 Jahre) ist sehr oft beim Treffpunkt Benedikt, wofür ich Ihnen sehr dankbar bin. Meine beiden anderen Söhne sind 13 Jahre alt (Zwillinge).

Wir haben in der Familie schon immer versucht, mit JESUS das Familienleben zu gestalten. Dadurch wurden wir von JESUS schon reichlich beschenkt und seit Jahren habe ich regelmäßig um Priesterberufungen gebetet.

Doch heuer wurden wir mit Leid konfrontiert. Im Februar hatte ich eine Operation – bösartiger Tumor im kleinen Becken. Darauf wurde mir eine Strahlentherapie verordnet. Am 13. Oktober Nachkontrolle. Befund: unheilbar erkrankt, Lebensverlängerung ev. durch eine Chemotherapie. Ich habe mich aber entschlossen, keine Chemo mehr in Anspruch zu nehmen.

Und gerade jetzt verspüre ich, welche Gnade es ist, glauben zu können, und außerdem beten viele liebe Menschen für mich, damit meine liebe Gattin, meine lieben Söhne und ich das ertragen können. Mir fällt dazu Folgendes ein: Gotteswege sind niemals Menschenwege, auch wenn es menschlich nicht zu verstehen ist. In jedem Kreuz steckt auch viel Heil. Gottes Wille soll sich an mir erfüllen. Vielleicht haben Sie einmal Gelegenheit, mit meinem Sohn zu sprechen, bzw. wir könnten einmal gemeinsam miteinander beten und singen.

Zum Schluss noch eine Bitte: Könnte, falls mich der Herr ruft, das Musikteam von Treffpunkt Benedikt bei meinem Requiem die von mir so geliebten Lieder spielen?

Mein Sterben soll nicht eine Trauerfeier werden, sondern
zur Verherrlichung Gottes dienen.

Übrigens habe ich heute nach der hl. Messe den Bibel-
vers Johannes 15,13 gezogen: Es gibt nichts Größeres, als
wenn einer sein Leben gibt für seine Freunde.
Herzliches Vergelt's Gott!

Ich versicherte ihm, sobald ich wieder in Österreich
sei, würde ich mich melden. Zehn Tage später war
es so weit: Ich sprach mit seinem Sohn – welch ein
Schmerz zu wissen, dass der Vater bald sterben wird.
„Ohne Glaube könnten wir das nicht tragen", hörte ich
und konnte nur nicken. Da verstummt die Sprache, nur
noch Blicke und Gesten können ein wenig ausdrücken,
was unbegreiflich bleibt.

Der Mann war mittlerweile auf der Palliativstation in
Vöcklabruck. Ich hatte ihn bisher nicht so bewusst wahrgenommen, nur vom Sehen her ein wenig gekannt. Nun
sprachen wir – und es war nicht ich, der ihn aufrichtete,
sondern er, der mich mit seiner Gegenwart beschenkte
und im Glauben gestärkt entließ – und mit dem Segen
für mein priesterliches Wirken. Kein Wort von ihm, was
er erleiden musste. Nur das tiefe Bedauern, seine Söhne hier auf Erden nicht mehr aufwachsen zu sehen und
seine Frau allein lassen zu müssen. Aber selbst dieser
Schmerz wurde überstrahlt von der Gewissheit, für sie
vom Himmel aus ein guter Ehemann und Papa zu sein.
Nachdem ich erneut eine Woche nicht in Oberösterreich war, wollte ich ihn wieder besuchen und rief seinen Sohn an. Dem Papa ginge es ganz schlecht. Ich ver-

sprach, gleich nach einem bereits vereinbarten Termin wieder anzurufen und dann zu kommen. Um 11 Uhr rief ich an – es war genau die Sterbeminute gewesen. Sein Sohn sagte gefasst ins Telefon: „Er ist jetzt gerade heimgegangen." *Heimgegangen!*

Die treuen Jugendlichen der Treffpunkt-Benedikt-Band waren sofort bereit, das Begräbnis musikalisch zu begleiten. Auch ein Chor war schnell zusammengestellt. Es war der Wunsch des Verstorbenen gewesen. Eine Trauerfeier, die wirklich mehr die Auferstehung als den Tod durchscheinen ließ. Selbst am Grab. Dort sangen wir dann Dietrich Bonhoeffers Lied „Von guten Mächten wunderbar geborgen". Dieses hatte bei meinem Besuch seine Schwester plötzlich angestimmt, als er tief schlief und angesichts unseres Singens plötzlich vertrauensvoll beide Hände in die Höhe streckte. Sei nun geborgen von einer Macht, die uns alle in ihrer Hand hält!

Durch das Jahr

Weihnachten für einen Benediktiner

Öfters fragen uns Menschen, wie wir im Kloster Weihnachten verbringen. Wesentlich sind für uns die kirchlichen Feiern; ihre Vorbereitungen nehmen viel Zeit in Anspruch. Was sagen die biblischen und liturgischen Texte? Kann ich das Martyrologium am Beginn der Mitternachtsmette, die Präfationen und Segensabschlüsse sowie die Evangelien schon singen? Notizen der vergangenen Tage oder gar Wochen sind Anstöße für Predigten und Einführungen. Unterzubringen sind vor Weihnachten noch viele Gespräche, Weihnachtswünsche, E-Mails.

Dann ist es soweit: Am Heiligen Abend um 16 Uhr die Kindermette in einer unserer Pfarren – viele Familien, die sonst meist kaum in die Kirche gehen, die aber viel erwarten und für die diese kirchliche Feier dazugehört. Da muss ich besonders aufpassen, was ich sage und wie ich mich verhalte. Schön, wie offen und erwartungsfroh die Kleinen sind! Zurück ins Kloster: Wir singen um 18 Uhr feierlich die Vesper und besuchen die kranken und alten Mitbrüder in der Infirmarie, der Krankenstation des Klosters. Danach gehen wir zum Klosterfriedhof, denn auch die verstorbenen Mitbrüder gehören zur Gemeinschaft. Unter dem Christbaum singen wir dann zusammen Weihnachtslieder. Der Abt hält eine Ansprache und jeder von uns bekommt ein (selbst erbetenes) Geschenk. Wir essen miteinander. Die meisten von uns Priestern schwärmen wieder aus, auch die, die keine eigene Pfarre haben: Die Mitternachtsmetten rufen uns.

Die Mitternachtsmette in einer unserer Pfarren ist mit vielen jungen Leuten gut besucht. Hier war ich schon drei Mal, erstaunlich – die Menschen kennen mich mit Namen. Und freuen sich, dass ich da bin. „Bitte die Kirche dunkler machen – Ministranten: den Weihrauch herrichten. Natürlich großer Einzug." Vor einer Messe ist es in der Sakristei hektisch, das merken die Messbesucher meist nicht. Doch dann, als es losgeht, legt sich auch in mir der Sturm und ich darf wieder einfach mitfeiern, auch wenn ich vorne stehe und rede und singe und die heiligen Riten für das Volk Gottes und im Namen des Herrn vollziehe. Nachher viele Hände schütteln: „Frohe Weihnachten!" Zurück ins Kloster. Aus der Stiftskirche ertönt Musik, hier beginnt die Messe erst um 23 Uhr. Ich gehe schon ins Bett – nach einem kurzen Gebet, in dem ich den vollen und erfüllenden Tag Revue passieren lasse.

Zu Weihnachten und zu Ostern schlafen wir länger, da beginnt die Laudes erst um 7:30 Uhr. Beim Frühstück tauschen wir uns über die liturgischen Feiern der Nacht aus – jeder hat etwas zu erzählen. Dann fahre ich wieder in eine andere Pfarre zur Christtagsmesse. Der Kirchenchor probt gerade, einige Ministranten sind schon in der Sakristei, die Mesnerin fragt noch einige Kleinigkeiten (und ich sie – jede Pfarre hat so ihre Bräuche!), die Kirche füllt sich. Wieder ein sehr schöner Gottesdienst. Den Menschen bedeutet Weihnachten viel und bei der Kommunion bin ich wieder einmal berührt, wie andächtig viele die Hostie, den Leib Christi, aufnehmen. Der Sohn Gottes wird Fleisch – in unserer Mitte.

Ich fahre weiter nach Linz zu meiner Familie. Nach dem Essen werde ich mit den Worten: „Leg dich hin, das bist du vom Kloster ja so gewöhnt!" zum Mittagsschlaf geschickt. Nach der Siesta (bei der ich die Ruhe meiner Klosterzelle vermisse) folgt ein langer Familienspaziergang mit Ausblicken auf meine Heimatstadt. Schön, in einer solchen Familie zu sein! Nach der Rückkehr wird der Christbaum geschmückt und das Festmahl vorbereitet. Dann spielen wir „Mensch ärgere dich nicht". Wie lustig so ein Spiel sein kann! Die Weihnachtsfeier, wie ich sie schon seit Kindertagen kenne: Wir essen, singen viele Lieder, hören das Weihnachtsevangelium, packen die Geschenke aus. Reden, lachen, erzählen. Ein Abend, an dem nichts besprochen, entschieden, ausgemacht werden muss. Einfach da sein können. Jeder darf so sein, wie er ist – das zeichnet wohl Weihnachten aus.

Am zweiten Weihnachtstag, dem Stefanitag, fahre ich erneut in eine unserer Pfarren, um die Messe zu feiern. Dort war ich noch nie. Wieder eine schöne Feier – wie die Menschen mitgehen! Einer der Messbesucher nimmt mich mit ins Wirtshaus: Hier der Männerstammtisch, dort eine Gruppe von Leuten, die „dem Herrn Pfarrer" auch gerne die Hand geben, obwohl sie nicht im Gottesdienst waren. Ich versuche Worte zu vermeiden, die als leiser Vorwurf gedeutet werden könnten. Zu Mittag sind wir wieder im Kloster beisammen – erfüllt von all den Feierlichkeiten, manche auch sichtlich müde. Einige alte Mitbrüder, die nicht mehr hinausfahren, interessiert, wo die anderen waren. Sie leben mit den jüngeren Mitbrüdern mit.

Die Tage nach dem 26. Dezember geben mir die Möglichkeit, das Mysterium von Weihnachten weiter zu vertiefen …

Sehnsüchtig an der Krippe

Der Rummel um Weihnachten macht es auch für mich nicht leicht, mich auf das Wesentliche zu konzentrieren. Als Priester muss ich den Menschen nahebringen, wie sie das Fest gut begehen können. Da lauert die Gefahr, nur von sich selbst her zu denken und alles von sich zu erwarten: Was soll ich sagen, wie kann ich jemanden beschenken?

Nach Weihnachten öffnete ich nach und nach die Geschenke, die mir ganz verschiedene Menschen in letzter Zeit gegeben hatten. Wir feiern ja acht Tage lang Weihnachten, die sogenannte Weihnachtsoktav – bis zum 1. Jänner. Heute öffnete ich ein Paket einer treuen Kirchenbesucherin. Darin waren köstliche Sachen, die ich in nächster Zeit verzehren werde. Dann öffnete ich den beiliegenden Brief. Etwa in der Mitte stand: „Christus erwartet dich, lieber Pater Bernhard, sehnsüchtig an der Krippe, um dir das Weihnachtspaket des heurigen Jahres zu schenken." Ich machte die Augen zu und lehnte mich zurück. Was hatte mich bei diesen Zeilen so berührt? Jesus wartet auf mich?! Ja, und zwar „sehnsüchtig". Dieses Wort hatte die Geberin unterstrichen. Plötzlich begann ich zu beten, wie es mir in der Weihnachtsnacht und am Christtag nur kaum möglich war: „Christus, der du auf mich wartest …" Wieder und wieder klang das Wort „sehnsüchtig" nach. Und ich fühlte einen tiefen Frieden und eine Kraft von diesem einen Wort, von diesem Satz ausgehen, den ich jeder und jedem ans Herz legen möchte: „Christus erwartet dich sehnsüchtig an der Krippe, um dir dein persönliches Weihnachtspaket zu schenken."

Ich habe deine Liebe gegessen

Als ich im Jahr 2000 ins Kloster eingetreten bin, erzählte mir der mittlerweile verstorbene Pater Gregor immer wieder von seinem Vater. Der wurde von der NS-Wehrmacht in seinem vorgerückten Alter eingezogen, weil er sich abfällig über Hitler geäußert hatte. Über 400 Briefe schrieb er von der russischen Front an seine Frau und die vier Kinder. Am 3. Juli 1944 kam der letzte Brief von Ferdinand Humer aus Weißrussland in Vorchdorf an; die Familie sollte den Ehemann und Vater nie wiedersehen.

In den Briefen Ferdinand Humers finde ich Sätze, an die ich den ganzen Gründonnerstag denken muss: „Ich lasse mir die Mehlspeise gut schmecken, die du mir geschickt hast. Sie ist von dir. Ich merke, sie enthält die ganze Liebe meiner Liebsten." Ein anderes Mal schreibt er von der Front: „Was von dir kommt, ist für mich mit

nichts zu vergleichen. Es ist nicht nur die Speise, sondern deine ganze Liebe in der Speise."

Das Sprichwort „Liebe geht durch den Magen" erhält
eine tiefe Bedeutung, wenn der oberösterreichische Sol-
dat an seine Frau schreibt: „Ich weiß, mit welcher Liebe
du alles gemacht hast. Täglich habe ich etwas von meiner Liebsten." Nach einer Paketsperre meldet er sich
überglücklich mit den Worten: „Deine Liebe kann ich
endlich wieder nicht nur lesen, sondern auch essen. Ja,
ich habe deine Liebe gegessen." – Dies lässt mich Jesu
Worte neu verstehen: „Das ist mein Leib für euch. Tut
dies zu meinem Gedächtnis!"

Stiller Karsamstag

Den Karsamstag empfinde ich von Jahr zu Jahr tiefer. Es
ist ein ruhiger Tag. Keine Messe, die Orgel ertönt nicht,
die Glocken schweigen. Nach dem schrecklichen Tod
Jesu ist es still geworden. Evangelische Schwestern und
Brüder nennen die Karwoche zuweilen „die stille Woche". Das trifft besonders den heutigen Tag.

Ob Gott stumm bleibt? Manchmal bekommen wir
den Eindruck, dass er schweigt. Menschen in tiefem
Leid fragen sich: „Wo bist du, Gott?" Es ist der Aufschrei
Jesu am Kreuz: „Mein Gott, mein Gott, warum hast du
mich verlassen?" Beim Sarg einer 40-Jährigen verstum-
me ich, wenn mich ihr hinterbliebener Mann und die
drei kleinen Kinder fragend ansehen. Jede einfache, all-
zu fromme Antwort würde mir im Hals stecken bleiben.

Manchmal muss man Situationen und Anfragen einfach einmal aushalten. Das ist die Stimmung am Karsamstag: Der schreckliche Karfreitag liegt hinter uns, der Osterjubel steht noch aus. Jetzt ist die Zeit des Wartens. Ich will mich nicht vordergründig ablenken, denn ich spüre: Der Karsamstag sagt viel über meine Existenz. Sie ist freilich auf wunderbare Weise umstrahlt von einem Licht, das schon durchschimmert aus einer anderen Welt. Es ist wie mit dem Frühling: Vieles keimt und blüht auf und sagt mir, dass das Leben neu erwachen wird.

Ostern geht weiter

Wir lesen beim Essen gerade ein Buch des Benediktiners Prosper Guéranger, der im 19. Jahrhundert lebte und die liturgische Bewegung vor dem Zweiten Vatikanischen Konzil vorbereitet hat. In seinem Buch „Das liturgische Jahr" beschreibt er im Kapitel über die Osterzeit eindringlich, dass wir vom Ostersonntag bis Pfingsten die Auferstehung Jesu feiern. Ja, 50 Tage Halleluja, Sieg Jesu über den Tod. Das nur an einem Tag oder nur eine Woche lang (oder immer nur am Sonntag) zu bedenken, wäre zu wenig.

In unserer Zeit gibt es eine merkwürdige Entwicklung: Die Feste werden schon so lange vorher vorbereitet, dass wir sie dann gleich wieder beenden, sobald der Tag gekommen ist. Weihnachten wird schon ab Oktober mit Weihnachtsschmuck eingeläutet – und am 25. Dezember ist dann endlich alles vorbei; Kekse konnte man ab dem 3. Adventsonntag schon keine mehr sehen. Ähnlich vor Ostern: Da sah ich in Geschäften schon bald nach dem Aschermittwoch Osterhasen, und in Cafés wurden mitten in der Fastenzeit bereits Eier gepeckt. Kein Wunder, dass dann mit dem Ostersonntag auch schon Ostern entsorgt wurde.

Die kirchliche Liturgie denkt hier anders: Nach dem Ostersonntag kommt die Osteroktav – jeder Tag ein Ostersonntag, eine Woche lang. Die ganze Osterzeit dauert dann bis Pfingsten. Lassen wir diese besondere Zeit nicht bedeutungslos verstreichen. Der Freude über das Leben Ausdruck zu verleihen, ist besonders leicht in diesen schönen Tagen, in denen die Natur erwacht, ein Sinnbild des neuen Lebens in Christus.

Maria Magdalena, eine Suchende

Am Vorabend eines wichtigen Heiligenfestes lesen wir im Kloster gewöhnlich einen passenden Text. Für Maria Magdalena ist das eine Passage aus einer Predigt zu den Evangelien von Papst Gregor dem Großen (†604), dem Biographen von Benedikt. Vielleicht hat mich dieser Text deshalb so angesprochen, weil mich in letzter Zeit mehrere Personen fragten: „Warum versteckt sich Jesus Christus plötzlich vor mir? Warum kann ich nicht mehr wie früher seine Nähe spüren? Wozu kommen mir neuerdings Glaubenszweifel?" Genau da kann uns Maria Magdalena als die große Liebende des Evangeliums helfen.

Gregor der Große beschreibt, wie ihr Jesus genommen ist und sie am Grab weint. In innigen Worten, wie ich sie bei den frühen Theologen der Kirche so schätze, heißt es da: „Sie suchte den, den sie nicht gefunden hatte, und weinte beim Suchen. Vom Feuer der Liebe entzündet, glühte sie in Sehnsucht nach ihm, weil sie meinte, man habe ihn weggebracht." Jesus war für sie also entschwunden, wie das auch heute glaubende Menschen immer wieder erleben, gerade im Übergang von Lebensphasen. Das hat Gregor wohl auch im Hinterkopf, wenn er dann Mt 10,22 zitiert: „Wer aber bis zum Ende standhaft bleibt, der wird gerettet."

Glaube erfordert also Standhaftigkeit. Er ist kein Kinderspiel und nicht ein für allemal gegeben. Warum entzieht sich Gott den Menschen? Gregor gibt an mehreren Stellen seines Werkes diese verblüffende Antwort: Gott verbirgt sich, damit wir ihn noch mehr suchen. Hier seine Worte im Originalton: „Maria Magdalena begann zu suchen und konnte nicht finden. Sie suchte beharrlich weiter, und sie fand. Durch den Aufschub wuchs die Sehnsucht, und im Wachsen ergriff sie, was sie gefunden hatte: Heilige Sehnsucht wächst durch den Aufschub. Nimmt sie durch den Aufschub ab, so war es keine Sehnsucht."

Natürlich ist das keine Antwort, mit der alle Fragen und Glaubensprobleme gelöst sind. Eine solche Antwort ist uns Sterblichen auch nicht gegeben. Was Gregor hier anhand von Maria Magdalena zeigen möchte, ist einer Besinnung wert: Gott will gesucht werden, und er scheint uns abhanden zu kommen, auf dass wir ihn mit noch

größerer Sehnsucht lieben. Vielleicht ist es im Glaubensleben wie im zwischenmenschlichen Liebesleben: Liebe
tut auch oft weh – und sie fordert alles von uns.

Die Glocke des heiligen Wolfgang

Am 31. Oktober hat der heilige Wolfgang seinen Ge-
denktag. Er ist mir besonders nahe, weil unsere Familie
oft in St. Wolfgang im Salzkammergut Urlaub gemacht
hat. Häufig war ich dort mit meiner Oma und nach ihrem Tod unzählige weitere Male alleine oder mit Freunden. Zwischen den Orten St. Wolfgang und St. Gilgen
liegt der Falkenstein, steil abfallend ins Wasser. Da hat
man nicht nur großartige Ausblicke über den See, sondern ist auch in der Gegend, wo sich Bischof Wolfgang
von Regensburg vor über 1000 Jahren eine Zeitlang
zurückgezogen hatte (um dann in Pupping zu sterben
und letztlich in Regensburg begraben zu werden). Auf
dem Falkenstein hat es in Nachfolge des hl. Wolfgang
bis ins 18. Jahrhundert Einsiedler gegeben.

Über der Höhle des hl. Wolfgang ist ein Kirchlein
erbaut. Dort ist auch eine Glocke, die man durch ein
langes Seil von unten läuten kann. Wenn man es schafft,
dass die Glocke mit einem einmaligen Ziehen des Seils
nur dreimal läutet, hat man einen Wunsch frei. Ich erinnere mich, dass mir das gelang, als ich mit 18 das erste Mal so richtig verliebt war und darum gebeten hatte, dass auch sie in mich verliebt sei. Der Wunsch ging
nicht in Erfüllung …

Alle Menschen haben Plätze, die wichtig für sie geworden sind. Solche Orte gehören zu uns und wir verbinden sie oft mit bestimmten Personen. Orte und Menschen sind Teil unserer Identität. Für mich ist St. Wolfgang ein besonderer Ort, den ich mit bestimmten Menschen verbinde. Auch mit dem Heiligen, der Mönch war und sich vielleicht schon vom Himmel aus gedacht hatte, ich könnte auch einmal Mönch werden, als ich so seine Klause als Jugendlicher besuchte – und später als Student beim dreimaligen Läuten oft Gott bat: „Zeig mir, was ich mit meinem Leben tun soll!"

Jahresrückblick

Der tägliche Rückblick über den vergangenen Tag gehört zu meinen fixen Ritualen – immer vor dem Einschlafen, mehr oder weniger intensiv. Auch blicke ich zumeist am Vorabend auf den kommenden Tag und stelle mich seelisch darauf ein. Dann mache ich auch noch die Wochen- sowie die Monatsplanung.

Am Ende eines Jahres ist mir der Jahresrückblick lieb geworden. Ich sitze für ein, zwei Stunden da und gehe meinen Kalender durch. Tag für Tag. Erstaunlich, was alles in einem Jahr geschehen ist! Vieles ist mir noch ganz präsent, manches hatte ich schon vergessen. Bei einigen Dingen verharre ich länger: ein Treffen, die Abfahrt in den Urlaub usw. Ich bleibe bei jedem Stichwort kürzer oder länger hängen und sinne nach. Sogar das Wort „Zahnarzt" bringt mich zum Nachdenken und ich nehme mir vor, im kommenden Jahr meine Zähne besser zu putzen. Besonders lange verbleibe ich bei den vielen Eintragungen von persönlichen Gesprächen, in denen sich ganz unterschiedliche Menschen mit ihren Lebensgeschichten mir anvertrauten.

Jeder Tag hat mehrere Eintragungen. Woche für Woche gehe ich durch, Monat für Monat. Vom 1. Jänner bis Silvester. Es ist eine ausgiebige *lectio humana*, eine „menschliche Lesung" gegenüber der sonst üblichen *lectio divina*, der „göttlichen Lesung", die mich täglich in der Früh beschäftigt. Wenn ich am Ende eines Jahres dann den Kalender schließe, sitze ich noch eine Weile da und mache mir Gedanken: Was habe ich nicht alles empfangen! Wie vielen Menschen durfte ich doch begegnen! Alles ist relativ glimpflich ausgegangen! Aber auch: Wieder zu viele Termine angenommen. Zu wenige Phasen der Erholung eingebaut. Nur zwei Bergtouren gemacht. Eine Tante wieder nicht besucht, obwohl der Onkel und sie sich doch so darüber freuen würden. So lerne ich aus diesem Jahr für das nächste – hoffentlich.

Ich darf ja einen neuen Anfang machen. Gerade mit dem Beginn eines neuen Jahres.

Römische Einblicke

Das Geheimnis des Schlüssellochs

„Neben dem Schlüsselloch", gebe ich häufig zur Antwort, wenn mich jemand in Rom fragt, wo ich denn zuhause sei. Selbst die Taxifahrer nicken wissend und finden beinahe blind und ohne Navi dorthin. Es ist fast zu einem geflügelten Wort geworden, für Einheimische und Bewunderer der Ewigen Stadt gleichermaßen: das Schlüsselloch der Villa des Malteserordens, wo bereits vor 1000 Jahren eine Benediktinerabtei der Reformbewegung von *Cluny* stand. Der charmante Platz, der auch Teil meiner Adresse ist, hat den Namen *Piazza Cavalieri di Malta*. Er wurde 1764–1766 von Giovanni Battista Piranesi gestaltet, als es das heutige weltweite Zentrum der Benediktiner auf dem *Aventin* noch nicht gab. Die Obelisken, heraldischen Symbole und Waffendekorationen des originellen Platzes heben sich vor dem Hintergrund unseres Anwesens aus dem Ende des 19. Jahrhunderts mit seinen immergrünen Zypressen ab.

Doch die meisten Menschen, die den Platz betreten, kommen nicht, um dieses beeindruckende Ensemble zu sehen oder uns in *Sant'Anselmo* zu besuchen. Zielstrebig steuern sie auf das Schlüsselloch der Malteser-Villa zu. Es ist auch leicht zu finden und zieht selbst jene an, die arglos vorübergehen, denn es bildet sich davor meist eine lange Schlange.

Als Nachbarn kommt uns Benediktinern dieses Phänomen etwas merkwürdig vor. Wir verstehen die Schaulustigen nicht, gäbe es doch drei Gehminuten weiter die wirklich bedeutende antike Kirche *Santa Sabina*, vor der sich keine Schlange bildet. Aber vielleicht können wir der Attraktion auf dem *Aventin* eine tiefere Bedeutung entlocken.

Die Menschen wollen ja nicht das Schlüsselloch sehen. Dieses dient ihnen nur als Medium, um eine Überraschung zu entdecken: Eingerahmt durch eine Allee sehen die gebückten Betrachtenden mit zusammengekniffenen Augen weit in der Ferne die berühmte Kuppel Michelangelos. Der Petersdom steht wie keine andere Kirche für den ganzen katholischen Erdkreis und ist eines der bekanntesten Gebäude der Welt. In dieser Perspektive ist er auf kleinstem Raum entrückt und doch im Zentrum. Hier erscheint eine andere Mächtigkeit, die uns heute viel zu sagen hat.

Der deutsche Philosoph Peter Sloterdijk meinte ein mal, wir hätten ein Problem mit Gott, weil er uns nicht mehr imponiere. Den Petersdom durch das Schlüsselloch zu sehen, imponiert auf postmoderne Weise. Vor der Villa der Malteser finden sich Menschen ein, die oftmals wenig mit der Kirche zu tun haben. Aber das zu Erblickende zieht sie magisch an, hat die Aura des Mystischen, besonders nachts, wenn die Allee dunkelschwarz ist und den Blick auf die erleuchtete Peterskuppel umso faszinierender macht.

Von Gott her erscheint die Menschenschlange vor dem Schlüsselloch in einem neuen Licht. Er sucht auch sie, die Einheimischen und Touristen: Menschen, die römische Kirchen eher zu familiären Anlässen oder Besichtigungen aufsuchen. Das Schlüsselloch eröffnet den

Blick in die Seitengasse einer Religiosität, wie wir sie oft in Rom erleben: verstohlen, distanziert, anonym. Und doch zeigen gerade diese Menschen, die scheinbar ohne direkten Kontakt zur Kirche leben, ein Gespür dafür, worauf hin sie unterwegs sind.

Auf ihrem Weg zum Schlüsselloch sehen die Neugierigen häufig Studierende, die am Schlüsselloch vorbei in unser Athenäum gehen. Diese jungen Ordensschwestern, Brüder und Priester aus 70 unterschiedlichen Ländern – meist erkennbar durch ihre Kleidung – bringen vielleicht so manchen sinnsuchenden Touristen unserer Tage zum Nachdenken. Und vielleicht sollten auch wir öfter durch das Schlüsselloch schauen und die Kirche so neu wahrnehmen.

Freundschaft mit dem *Pantheon*

Beruflich oder privat habe ich immer wieder Verabredungen im Zentrum Roms, etwa 30 Gehminuten von unserem benediktinischen Hauptsitz auf dem *Aventin* entfernt. Als Treffpunkt gebe ich gerne den Vier-Ströme-Brunnen in der Mitte der *Piazza Navona* oder – noch lieber – „vor dem *Pantheon*" an. Dieser Platz ist für mich wie eine vertraute Person, die man kennt und durch wiederholte Begegnungen immer mehr liebgewinnt. Selbst die dorthin strömenden Menschenmassen tun dieser Liebesbeziehung keinen Abbruch.

In Rom macht nie nur ein Element den Reiz eines Platzes oder einer Kirche aus. Es ist meist die Summe vieler Schönheiten. Vor dem *Pantheon* befindet sich ein Brunnen von Giacomo della Porta, über dem ein Obelisk aufgerichtet ist. Er ist einer von 14 ägyptischen Obelisken, die während der römischen Herrschaft hierhergebracht und in der Renaissance von den Päpsten wieder aufgestellt wurden. Unser Obelisk auf der *Piazza Rotonda* ist mit sechs Meter Höhe einer der kleineren, aber immerhin 3300 Jahre alt und seit dem Jahr 1711 ein herausragendes Gestaltungselement des Platzes.

Der Blick auf einen meiner Lieblingsplätze richtet sich aber unweigerlich sofort auf den dahinterliegenden merkwürdigen Rundbau. Von den verschiedenen Aussichtspunkten der Stadt kann die Kuppel ermessen werden, die sogar etwas größer ist als die des Petersdoms. Die Proportionen verweisen auf eine universale Bedeutung: Die Kuppel ist eine Halbkugel. Die vollkommene Form der Kugel würde sich haargenau in den Raum des *Pantheons* einfügen. Selbst wenn im Laufe der Zeit die Verzierungen innen und außen entfernt und für andere Zwecke verwendet wurden, entfaltet der runde Bau eine besondere Faszination. Er zieht Menschen in den Bann, unabhängig von ihrer religiösen Anschauung.

Zur unverwechselbaren Schönheit des *Pantheons* trägt die Vorderseite mit ihren 18 riesigen monolithischen Säulen aus ägyptischem Granit bei. So atmet das Gebäude und vermittelt Offenheit. Betritt man das Innere durch die größten erhaltenen Tore des Römischen Reiches, richtet sich der Blick schnell nach oben auf die im Durchmesser neun Meter große Öffnung. Zu Pfingsten war ich einmal Zeuge, wie es nach der Eucharistiefeier unzählige Rosenblüten von dieser Öffnung herab auf die Gottesdienstbesucher regnete – eine beeindruckende Inszenierung der Herabkunft des Heiligen Geistes, jährlich ermöglicht durch eine lange Leiter der Feuerwehr.

Das *Pantheon* fungiert in der Tat auch als Kirche, selbst wenn es dem Gebäude mit der gleichsam kosmischen Ausstrahlung nicht sofort anzusehen ist. In der ersten Hälfte des 2. Jahrhunderts zu Ehren aller Götter errichtet, wurde der heidnische Tempel fünfhundert Jahre später in eine Kirche umgewandelt und Maria und allen Heiligen gewidmet. Das *Pantheon* ist ein Symbol für die Assimilierungskraft der Stadt Rom: Hier kann vieles nebeneinander stehen und immer neuer Nutzung zugeführt werden.

Im Innenraum findet sich das Grab des großen Renaissance-Künstlers Raffael, aber ebenso – in einer künstlerisch weniger vorteilhaften Ausführung des 19. Jahrhunderts – die Sarkophage der beiden ersten Könige des vereinten Italiens. Eine Tafel mit lateinischer Inschrift aus dem Jahre 1632 bezeichnet am Eingang das *Pantheon* als „berühmtestes Gebäude des gesamten Erdkreises". Die enorme architektonische Wirkungsgeschichte hat gezeigt, wie das *Pantheon* zum Vorbild geworden ist. Für mich ist es immer wieder beeindruckend, die vielfältigen Aspekte des *Pantheons* auf mich wirken zu lassen.

Am Grab von Francesca Romana

Eine der wichtigen Achsen für Spaziergänge in der Innenstadt von Rom ist die *Via dei Fori Imperiali*. Seit einigen Jahren vom motorisierten Verkehr weitgehend befreit, ist sie tagtäglich der Schauplatz unzähliger Touristen, zu denen sich am Wochenende auch noch die römische Bevölkerung mischt, die offenbar ebenfalls von den Kaiserforen in den Bann gezogen wird. Bei unserem römischen Spaziergang folgen wir aber nicht den Menschenmassen auf dieser Straße vom Kolosseum hin zur *Piazza Venezia*, sondern biegen gleich beim Kolosseum links in eine schmale, ruhige Straße ab, die zur Kirche *Santa Francesca Romana* führt.

Die Kirche hatte einst den Namen *Santa Maria Nuova*, weil sie im 9. Jahrhundert eine baufällige alte Kirche aus dem 5. oder 6. Jahrhundert ersetzte, die in die Ruinen des antiken Tempels der Venus und der Roma auf dem *Forum Romanum* errichtet worden war. Unser Ziel beherbergt in der Sakristei die offenbar älteste Marienikone der Welt aus dem 5. Jahrhundert, die erst 1949 hinter einem Madonnenbild des Hochaltars aus dem 12. Jahrhundert entdeckt wurde. Ebenso aus dem 12. Jahrhundert ist das wunderbare Apsismosaik. Wir gehen aber dem heutigen Namen der Kirche auf den Grund und steigen hinab in die Krypta. Dort finden wir in einem gläsernen Schrein die Gebeine der heiligen Francesca Romana.

Santa Francesca ist eine der vier Patrone Roms. Über sie wissen wir mehr als über die drei anderen, die frühchristlichen Märtyrer Stephanus, Petronilla und Laurentius. 1384 geboren, wollte sie als Jugendliche ins Kloster gehen. Doch ihr wohlhabender Vater versprach Francesca schon in jungen Jahren Lorenzo di Ponziani, mit dem sie drei Kinder hatte. Ein Sohn und eine Tochter starben im Laufe der Jahre an der Pest, der zweite Sohn wurde in den Kriegswirren verschleppt. Ihr Mann, der mit den Truppen des Papstes der Belagerung durch den König von Neapel und der Einsetzung eines Gegenpapstes widerstand, wurde schwer verwundet.

Aber auch in ihrem eigenen Haus hatte Francesca einen schweren Stand. So wollte ihre Schwiegermutter sie mit allen Mitteln davon abbringen, für die Armen zu sorgen. Doch mit der Zeit gewann Francesca alle Mitglieder des Haushaltes für sich und beeindruckte die Knechte und Mägde mit ihrer materiellen und spirituellen Fürsorge. Die Schwägerin half ihr, Kranke und Arme mit dem Nötigsten zu versorgen. Beide zogen sich regelmäßig zum innigen Gebet im Palazzo der Familie zurück. Ihnen schlossen sich weitere Damen aus wohlhabenden Familien an, die durch Gebet und Fürsorge für die Ärmsten in Rom großes Ansehen erlangten.

Selbst als Francescas Mann Rom aufgrund kriegerischer Auseinandersetzungen verlassen musste und der Familiensitz verloren ging, sorgte sie sich nicht nur um ihre Familie, sondern umso eifriger um die Armen und Kranken der Stadt. 1433 gründete sie mit den Frauen, die sich um sie geschart hatten, eine Gemeinschaft von Benediktinerinnen-Oblaten. Sie zogen sich im heute

noch gut erhaltenen mittelalterlichen Kloster *Tor de'*
Specchi zurück, zwischen *Piazza Venezia* und dem *Teatro Marcello* gelegen. In die Gemeinschaft ohne Gelübde
und Klausur trat sie selbst ein, als ihr Mann verstorben
war, um sich ganz mit den anderen noblen Damen dem
Gebet, dem Studium der Heiligen Schrift und der Armenfürsorge zu widmen. Zu ihrer Bekanntheit trug bei,
dass sie selbst die Medizin herstellte, die sie Kranken
verabreichte, mystische Begabungen hatte und Wunder
vollbrachte.

Seit 600 Jahren ist ihr Leben ein leuchtendes Beispiel, wie jemand – in schwierigen Situationen und von
tiefem Leid geprägt –, nicht in Selbstmitleid verharrt,
sondern freigiebig für Gott und die Menschen da sein
kann. Sie fand ihre letzte Ruhe in der Kirche des Benediktinerklosters, von wo aus sie seit ihrer Jugend geistlich begleitet wurde und dessen Name seit ihrer Heiligsprechung 1608 *Santa Francesca Romana* sein sollte.

Der eindrucksvolle Blick auf das Skelett der heute
noch beliebten Volksheiligen war bis zum Jahr 2022
möglich. Wer ihren Leichnam mit dem Totenkopf im
gläsernen Schrein sah, wurde an den eigenen Tod erinnert. Aber auch daran, dass das Wirken einer so außerordentlichen Frau über ihre Zeit hinaus bis heute
Bedeutung hat und weiterlebt. Der Leib Christi, gegenwärtig durch konkrete Menschen, über den Tod hinaus.
Dann nahm man sie aus dem gläsernen Schrein. Als ich
einmal in der Gegend war, in die Kirche schauen und
bei der Heiligen beten wollte, war die Krypta nicht zugänglich. Zufällig traf ich in der Kirche den Prior des

Olivetanerklosters, der mir erklärte, das Skelett der Santa Francesa Romana solle nun eingehüllt und mit Gesichtsmaske versehen werden. Er führte mich durch die Absperrungen hindurch in die Krypta. Da lagen offen ihre Gebeine auf einem weißen Tuch. Wir traten nah an sie heran. Ich hielt inne und war ehrfürchtig ergriffen von der Gegenwart des Übersinnlichen. Vielleicht war es doch nicht so verkehrt, sie wie andere Heilige in römischen Kirchen als Tote zu zeigen, ohne Metallverkleidung. Gerade der heilige Benedikt fordert in seiner Regel die Mönche auf, täglich an den Tod zu denken. Das Christentum ist keine rein vergeistigte Religion, sondern lässt durch die leibliche Präsenz das Geistige aufstrahlen.

Stofftiere und schmutzige Pilgerfüße

Babykleidung, Stofftiere, Kinderfotos, Briefe: Was haben all diese Dinge in einer Kirche zu suchen? Ein paar Schritte von der *Piazza Navona* entfernt, finden sich in der Kirche *Sant'Agostino* rund um die Marienstatue *Madonna del Parto* Votivgaben glücklicher Eltern. Mir hat ein Römer vor Ort einmal sichtlich berührt geschildert, wie diese Statue den Beinamen „von der Geburt" erhielt: Ein Mann eilte verzweifelt während der schweren Geburt seines Kindes zu dieser Marienstatue und flehte um Hilfe. Als er zu seiner Frau zurückkehrte, hatte sie das Kind trotz aller Widrigkeiten gesund zur Welt gebracht. Seither pilgern viele schwangere Frauen und junge Paare zur Madonna mit dem Jesuskind und bitten um eine gute Geburt. Manche kehren zurück, um als Zeichen der Dankbarkeit eine Kerze zu entzünden oder eine symbolische Gabe zu hinterlassen, die das Geschenk des neuen Lebens symbolisiert.

In Rom stößt man auf Schritt und Tritt auf besondere Ausdrucksformen der Frömmigkeit: religiöse Schreine an Häuserfassaden, Prozessionen zu bestimmten Heiligenfesten, die Berührung von Reliquien, Ikonen, Kreuzen und Statuen, verbunden mit einem Kreuzzeichen. Einmal bin ich zufällig in einer der zahlreichen Kirchen der Ewigen Stadt zu einer Eucharistiefeier gekommen. Die innigen, wenn auch nicht immer ganz lupenreinen Gesänge bewogen mich, hinten stehen zu bleiben. Am Ende des Gottesdienstes lud der Priester alle Anwesenden dazu ein, bereitstehende Rosen vor eine Statue der Gottesmutter mit dem Jesuskind zu legen. Eine Frau kam mit Rosen in den hinteren Teil der Kirche und bot auch einigen Touristen in kurzen Hosen und mir an, sich in die kleine Versammlung einzureihen und mit einer persönlichen Fürbitte und der Blume nach vorne zu kommen.

Papst Franziskus mahnt immer wieder, die Volksfrömmigkeit nicht gering zu achten; sie ist für ihn auch ein Thema, wenn es darum geht, im Zuge des weltweiten synodalen Weges auf alle Gläubigen zu hören. In der Theologie wird sie als *locus theologicus*, als theologischer Ort, wieder entdeckt, der helfen kann, den Glauben mit allen Sinnen und facettenreich wahrzunehmen. Die Grundhaltungen römisch-katholischer

Frömmigkeit haben dabei weitreichende Wurzeln. Die kulturelle Leistung Roms bestand von Anfang an darin, Strömungen und Gebräuche aus verschiedenen Teilen des Reichs zuzulassen und aufzunehmen. Die Philosophie kam aus Griechenland, die verschiedenen Religionen aus dem Orient, die tüchtigsten Soldaten aus Afrika und Spanien, später aus Germanien. Cicero gab das bereits vor 2100 Jahren offen zu und strich heraus: „Aber wir übertreffen alle Nationen in der Frömmigkeit (*pietas*) und in der Religion sowie in der Weisheit, dass durch das Walten der Götter alles geleitet wird." (*De haruspicum responso* 19)

Die erwähnte beliebte Marienstatue an der Rückwand der Kirche *Sant'Agostino* von Jacopo Sansovino (1521) ist ein Beispiel, wie die Renaissance den frührömischen Stil übernommen hat. Die Gottesmutter erscheint hier wie die antike Fruchtbarkeitsgöttin *Magna Mater*. Wie es das römische Christentum über die Jahrhunderte verstand, Elemente der Lebenswelt von Menschen aus nah und fern in den religiösen Kosmos aufzunehmen, sehen wir in der Kirche *Sant'Agostino* auch einige Schritte weiter bei der Pilgermadonna von Caravaggio (1605). Die schmutzigen Pilgerfüße bringen die Aussage des Bildes, Maria als „Madonna der Armen" zu sehen, zum Ausdruck. Ungewöhnlich war, was sich bei der Enthüllung zeigte: Eine stadtbekannte Kurtisane hatte Modell für die Gottesmutter gestanden. Das Bildnis wurde auch nicht abgehängt, nachdem Caravaggio im Affekt jemanden umgebracht hatte und aus Rom fliehen musste. Wenn wir in *Sant'Agostino* weitergehen, sehen wir die Statue des Jesaja von Raffael (1512), der gerne in dieser frühen Renaissancekirche mit anderen Intellektuellen seiner Zeit den Gottesdienst besuchte. Mit ihnen befreundet waren sog. „Edel-Kurtisanen" (*cortegiane honeste*), die sich im 15. und 16. Jahrhundert ebenfalls der antiken Bildung hingaben und von denen einige mit schönen Grabtafeln in der Kirche begraben wurden; die Mätresse von Cesare Borgia erhielt sogar eine eigene Grabkapelle. Diese Grabmäler fielen dem gegenreformatorischen Eifer des späten 16. Jahrhunderts zum Opfer, als auch Rom polarisiert wurde. Am Ende des linken Seitenschiffs stoßen wir auf das Grab der hl. Monika, deren Reliquien 1430 von *Ostia* in diese Kirche gebracht wurden. Ihre mütterliche Sorge für ihren Sohn Augustinus kann uns vor Augen führen, wie viele Tränen und Gebete Kinder ihren Eltern auch nach der Geburt abverlangen können.

Freunde auf der Straße

Im beliebten Touristenviertel *Trastevere* gehen auf der Straße nach St. Peter täglich unzählige Menschen an einer Bank vorbei, auf der die Darstellung eines Obdachlosen zu sehen ist. Sie fällt auf, denn in Rom begegnet man sonst nur Skulpturen von Göttern, Heroen oder Heiligen. Der verhüllte Obdachlose auf der Bank macht auf ein sehr präsentes Thema der Ewigen Stadt aufmerksam: Personen am Rande der Gesellschaft und ihre Armut.

Die Bank befindet sich vor der Kirche *Sant'Egidio*, wo sich eine 1968 gegründete Studentengruppe auf der Suche nach einem entschiedeneren Glaubensleben regelmäßig zum Gebet versammelt. Daraus entstand eine der Erneuerungsbewegungen, die in romanischen Ländern die katholische Kirche der jüngsten Zeit mit neuem Leben erfüllen. Ich lernte die Laiengemeinschaft St. Egidio, die weltweit 70.000 Mitglieder hat, schon vor 20 Jahren gut kennen. Damals wurde ich nach meinem Noviziat in Kremsmünster nach Rom geschickt, um das weltweite Mönchtum kennenzulernen und zu studieren. Mir wurde bewusst, dass unserem alten Orden neue Aufbrüche in der Kirche guttun. Seither war *Sant'Egidio* immer ein Fixpunkt für mich in Rom, egal ob allein oder mit Gruppen. Seit ich Rektor bin, habe ich nun auch institutionell mit der Gemeinschaft zu tun, weil ihre Seminaristen an unserem Päpstlichen Athenäum studieren.

Die Spiritualität von *Sant'Egidio* lebt aus der Heiligen Schrift. Jeder und jede hat eine Hausbibel in Gebrauch, die jährlich in einem Gottesdienst gesegnet wird. Täglich treffen sich abends an über 50 Orten der Stadt Mitglieder der Gemeinschaft, um zu beten und zu singen sowie das Wort Gottes und eine Auslegung zu hören. Daraus entspringt die Hinwendung zu den Armen, die in Rom auf Schritt und Tritt präsent sind. Alle Mitglieder sollen einen armen Menschen als Freund haben. Neben den Obdachlosen können das auch Einsame, Gefangene, psychisch Kranke oder Suchtkranke sein. Hier geht es nicht bloß um eine punktuelle Hilfe, also darum, jemandem regelmäßig in irgendeiner Form unter die Arme zu greifen. Nein, die Armen der Stadt sind Menschen, die zu Freunden, ja fast zu einem Teil der eigenen Familie werden. Eine theologische Selbstverständlichkeit ging mir neu auf, als jemand von *Sant'Egidio* sagte: „Oft sehen wir Priester oder engagierte Gläubige die Kirche nur von uns aus. Wir tun so, als würden wir die Armen hereinholen. In Wahrheit sind sie aber bereits ein wichtiger Teil der Kirche, Orte, wo Gott besonders gegenwärtig ist und wir uns selbst neu verstehen lernen können."

Einmal ging ich mit den Studierenden einer Lehrveranstaltung, die von theologischen Orten in Rom handelt, zu einer Einrichtung von *Sant'Egidio*. Sie befindet sich in einem Winkel von *Trastevere*, wo kein Tourist mehr zu finden ist. Ein Geschichtsprofessor, der einen guten Teil seiner Freizeit hier verbringt, machte uns im Laufe des Besuchs ganz selbstverständlich mit Menschen bekannt, die zum Essen oder Duschen kommen oder sich einfach ihre Post abholen, weil sie keine fixe Wohnadresse haben. „I nostri amici di strada", sagte er: „Unsere Freunde auf der Straße." Er kennt sie alle beim Namen. Bevor er uns verabschiedete und wir zum Eissalon gingen, sah er die Studierenden eindringlich an und meinte: „Vielleicht würde euer Glaube und euer Theologiestudium viel gewinnen, wenn ihr nicht nur Kirchen und Museen Roms besuchen, sondern auch die armen Menschen der Stadt persönlich kennenlernen würdet."

Die Skulptur des Obdachlosen vor der Kirche *Sant'Egidio* im belebtesten Teil von *Trastevere* weist übrigens eine Besonderheit auf, die bei genauerer Betrachtung zu erkennen ist: Die bloßgelegten Füße zeigen die Stigmata, die Wundmale Christi.

Der Verkäufer am Strand

Weil es schon heiß geworden war, fuhr ich an einem Samstag mit einem Mitbruder an den Strand. Während wir so in der Sonne lagen, kam ein Strandverkäufer vorbei und bot gekühlte Getränke an. Der Mitbruder wollte den Preis für sein Bier herunterhandeln, merkte aber bald, dass der indische Strandverkäufer keinen Spielraum hatte. „Viel Geld wird der auch nicht verdienen", raunte er mir verständnisvoll zu. Und wirklich: Wir beobachteten die Leute, wie sie die ausländischen Verkäufer ignorierten oder unwillig abwiesen.

Der indische Verkäufer von vorhin kam nach einer Stunde wieder vorbei. Mein Mitbruder war gerade dabei, eine unvorstellbar riesige Melone aufzuteilen, und bot dem sichtlich armen Verkäufer ein Stück davon an. Da strahlte der Mann. Ich fragte mich, wie viele Menschen ihn bisher nicht nur abgewiesen oder ihm „großherzig" etwas abgekauft hatten, sondern ihm auch etwas von sich angeboten hatten. Der Inder mit Turban (damit als Anhänger der Sikh-Religion erkennbar) setzte sich kurz zu uns und aß mit Vergnügen sein Melonenstück. Er erzählte uns, dass er seit fünf Jahren in Italien lebt, um Geld für seine Familie zu verdienen. Vier Kinder hat er, und täglich spricht er mit ihnen und seiner

Frau über Skype. Sie fehlen ihm sehr. Im Winter wird er nach Hause fahren und sie endlich wieder sehen.

Mir gab diese Begegnung zu denken. Der Inder war für uns plötzlich nicht mehr der anonyme, lästige Verkäufer am Strand. Ich habe sein Lächeln noch vor mir, seinen traurigen Blick, als er von seinen Kindern sprach, die so weit weg sind. Und seine funkelnden Augen, als ich ihm davon erzählte, dass ich am Vortag bei den Schwestern von Mutter Teresa von Kalkutta gewesen war. „Mother Teresa – good woman!", hatte er spontan ausgerufen. In ihrem Sinn war er als Fremder und Armer für kurze Zeit unser Freund geworden. Eine bemerkenswerte Begegnung an der Peripherie von Rom, diesmal am Meeresstrand von *Ostia*.

Fremdes Christentum

An einem sonnigen Tag saß ich vor dem Petersdom und las in einem Buch über Rom. An mir gingen Pilger und Touristen aus verschiedenen Ländern vorbei. Einige machten es wie ich und setzten sich ebenso in die Sonne. „In Österreich wird es wohl recht kalt sein", dachte ich. Da kam ein Ordner vorbei und herrschte uns an, aufzustehen. Was würde Papst Franziskus zu so einer Behandlung sagen? Und würde es Jesus unchristlich finden, vor der Kirche zu sitzen und sich des Lebens zu erfreuen? So setzte ich mich wieder nieder und einige andere auch. Wir behinderten ja den Massenstrom an Menschen gar nicht. Das habe ich mittlerweile in Rom gelernt: Man tut so, als würde man sich an die Vorschriften halten, und sobald das Ordnungsorgan weg ist, tut man wieder das Gleiche wie vorher.

Zwei junge Frauen saßen vor mir und drehten sich mehrmals um. Da redete mich eine von ihnen an und fragte, warum ich ein schwarzes Ordensgewand tragen würde und andere ein braunes. „Ich bin Benediktiner", antworte ich, „und der mit dem braunen Habit ist ein Franziskaner." Von Benedikt von Nursia (6. Jahrhundert) und Franz von Assisi (12. / 13. Jahrhundert) hatten sie anscheinend noch nie gehört. Aber die eine interessierte, warum ich Mönch geworden bin und wie ich lebe, während ihre Freundin gelangweilt daneben saß. Dabei war diese trotzdem nett zu mir: Sie würde nicht unhöflich sein wollen und würde mir deshalb nicht sagen, was sie von Religion hielt. Die 22-jährigen Niederländerinnen glaubten beide nicht an Gott. Die eine war am Glauben sichtlich interessiert, die andere offenbar nicht.

Wie kann das sein? Ich erlebe das manchmal auch innerhalb einer Familie: das eine Kind ist religiös sensibel, das andere Kind dagegen in Glaubensfragen nicht ansprechbar. Der Glaube ist reine Gnade, sagt die Theologie, um diese Wirklichkeit zu bestimmen, die uns selbst entzogen ist. Wie ich über den Petersplatz weiterging, sann ich über diese Begegnung nach. Der barmherzige Gott ist mit der anderen Holländerin auch unterwegs. Nur er weiß, warum sie schlecht von der Religion denkt. Er hat Geduld und Erbarmen mit ihr. Wie auch mit mir, der ich den Glauben in die Wiege gelegt bekommen habe und ihn oft so wenig zur Entfaltung bringe.

Wie wird es mit der jungen Frau weitergehen? Sie hatte so viele Fragen und hörte aufmerksam zu. „Cool", sagte sie öfters, als ich ihr von unserem Klosteralltag erzählte. Ihr kam das offenbar so vor, als würde ich vom Leben auf dem Mars erzählen. Aber sie schien fasziniert und bedauerte geradezu, dass es in den Niederlanden kaum Mönche mehr gibt. „Wie kann ich glauben, wie mit Gott Kontakt aufnehmen?" Eine neue Offenheit erlebte ich da, von einer, die kaum mit der Religion in Verbindung gekommen war. Und dann doch der Hinweis, sie sei evangelisch getauft, aber ohne Glauben aufgewachsen. Ob sie meinem Rat folgen wird, einfach mit Gott Gespräche anzufangen und mit seiner Gegenwart zu rechnen und sich von ihm überraschen zu lassen? Und ich fragte mich, ob sie einmal Menschen finden wird, die sie für das Leben mit Gott entflammen werden und sie aufnehmen in ihre Gemeinschaft.

In diesen Gedanken versunken ging ich weiter. Da stellten sich mir junge Katholiken aus Argentinien in den Weg. Strahlend streckten sie mir Kreuze und Rosenkränze zum Segnen entgegen. Durcheinander riefen sie mir in gebrochenem Englisch zu, für wen diese Andenken waren: für die Oma, den kranken Papa, die Freundin. Gesammelt senkten sie ihre Köpfe, während ich meine Arme über sie und die religiösen Gegenstände in ihren Händen ausstreckte. – Bekanntes Christentum und fremdes Christentum zur gleichen Zeit auf demselben Petersplatz. Und Gott sieht auf alle mit seiner Liebe …

Kirche an der Peripherie

Nirgendwo auf dem Erdkreis gibt es eine derartige Fülle von Kirchen, Kunst und theologischen Ausbildungsstätten wie in Rom. Bei den verschiedensten Zusammenkünften treffen Persönlichkeiten aus der katholischen Welt aufeinander, aber auch andere Konfessionen und verschiedene Religionen suchen das Gespräch mit dem Nachfolger Petri oder mit einem seiner Vertreter. In Symposien tauschen sich Theologen und Theologinnen aus den unterschiedlichen Erdteilen in verschiedenen Disziplinen aus. Ich möchte hier, wie es diesem Büchlein eigen ist, nur einige Momentaufnahmen bringen, und zwar bewusst aus römischer Perspektive unter dem Pontifikat von Papst Franziskus.

Bei einem theologischen Kongress an einer der Päpstlichen Universitäten hörte ich ein Grundsatzreferat des Theologen Armando Matteo. Unter der Betreuung des Benediktiners Elmar Salmann, der 30 Jahre lang in Rom lehrte, verfasste er die Dissertation „Presenza infranta: il destino del Cristianesimo dopo la fine della cristianità", deren Titel man so übersetzen könnte: „Gebrochene Gegenwart. Das Schicksal des Christentums nach dem Ende der Christenheit". Matteo zweifelt also nicht an der Zukunft des Christentums, will aber bereits im Titel sagen: Die geschlossene Form einer Christenheit, wie sie Gesellschaften und Kulturen für Jahrhunderte bestimmte und wesentlich prägte, geht (zumindest in der westlichen Welt) dem Ende zu. Im Jahr 2022 hat ihn Papst Franziskus zum einflussreichen

Sekretär an der Glaubenskongregation ernannt, die der Papst in seiner Kurienreform programmatisch unter den Primat von Evangelisierung und Mission gestellt hat. So kommt den Leitlinien, die Armando Matteo bei dem erwähnten Referat mit großer Leidenschaft vorlegte, eine besondere Bedeutung zu: Wenn die Theologie nur um sich selbst kreist, entfernt sie sich von den Menschen. Sie widmet sich dann Themen, die nur noch die Fachtheologie interessieren. Eine solche Selbstreferentialität ist an der Sprache abzulesen, die abstrakt und kalt wirkt und nur einer Elite an Insidern zugänglich ist. Dagegen dient die Theologie der Heilsmission der Kirche, deren Ziel es ist, alle Menschen zu Jesus Christus zu führen. Dafür müssen Kirche und Theologie alle im Blick haben – besonders jene, die fernstehen – und das Herz der Menschen erreichen. „Es genügt nicht einfach, ‚Jesus‘ zu sagen, sondern es muss eine Erfahrung vermittelt werden."

Die Kirche lernt in unserer Zeit, dass sie an der Peripherie ihren eigentlichen Ort hat, nicht mehr in den Machtzentren und an den Orten größter Aufmerksamkeit. So kann ihr selbst aufgehen, dass ihre wahre Kraft Gott und nicht sie selbst ist. Die Theologie darf der Kirche dabei helfen, diesen schmerzvollen, aber heilsamen Prozess zu gehen. Auf diese Weise können Kirche und Theologie wieder ihr prophetisches Potential entfalten. Wenn es etwa durch eine neue „Religion des Konsums" heute zu einer Verdrängung des Heiligen kommt, muss ein lebendiges Christentum eine solche Entwicklung unterbrechen, indem es den Himmel für die Menschen öffnet. Dadurch entstünde eine Alternative, die Männer und Frauen anregt, ihre Zeit für religiöses Engagement einzusetzen und dem Geld nicht den ersten Stellenwert im Leben einzuräumen. Die Theologie soll in ansprechender Weise ein solches christliches Zeugnis thematisieren, in dem der Stil Jesu Gestalt gewinnt.

Eine weitere wichtige Vision für die Zukunft von Theologie und Kirche durfte ich bei einer Jubiläumsveranstaltung des Mailänder Priesterseminars vom bekannten Theologen und Musiktherapeuten Pierangelo Sequeri hören. Gleich zu Beginn ließ er mit dem Satz aufhorchen: „Uns hat Gott etwas anvertraut, was er noch keiner Generation anvertraut hat: Erstmals in der Menschheitsgeschichte sind die großen Institutionen unserer Gesellschaft und Kultur nicht mehr unter dem Primat, unter dem Schirm der Religion." Die fortschrittliche Theologie möchte den Bedeutungsverlust kompensieren, indem sie mit allen Mitteln für die heutige Zeit unmittelbar relevant bleiben möchte – auch um den Preis des Ausverkaufs christlicher Substanz. Die rückwärtsgewandte Theologie versucht, eine alte Welt aufrecht zu erhalten, in der die Religion die Oberhoheit in allen Bereichen behält – um den Preis, den Menschen die religiöse Sinnwelt immer musealer werden zu lassen. Dagegen muss das Christentum die eigene Muttersprache wieder lernen, die vor allem in der Bibel zu finden ist. Für die heutige Zeit ist es unumgänglich, sich neu durch Jesus ein „emotionales Register" anzueignen und so wie er zu leben, zu glauben, zu verstehen. Das beinhaltet für Sequeri auch die Gelassenheit bei Absetzbewegungen, angesichts derer Jesus selbst die zwölf Apostel fragte: „Wollt auch ihr gehen?" (Joh 6,67)

Kreuz und Auferstehung, neues Leben durch den Glauben illustrierte Pierangelo Sequeri dann am Abend der erwähnten Veranstaltung: Er, der selbst Musiker ist und z. B. durch „Herr, du bist mein Leben" in das deutsche Gotteslob Eingang gefunden hat, stellte das von ihm gegründete Orchester „Esagramma" vor. Professionelle Musiker führen in diesem Orchester gemeinsam mit Menschen mit Beeinträchtigung klassische Musik auf. Dieses Zusammenspiel zu erleben, war berührend. Welch schönes Zeugnis, wie lebensfreundlich und ansteckend der Glaube sein kann.

Ich denke, wir sind heute in einer spannenden, wenn auch unübersichtlichen Lage. Wir wissen nicht, wie die Gestalt des christlichen Glaubens sich in den nächsten Jahrzehnten entwickeln wird. Ob in Österreich, Rom oder bei verschiedenen Reisen: Ich erlebe immer wieder lebendiges Christentum in erstaunlicher Intensität und sehe meinen eigenen kleinen Beitrag darin, die Schätze des Glaubens aus der Vergangenheit neu zugänglich zu machen und Zeugen und Zeuginnen der Nachfolge Christi in der heutigen Zeit ins Zentrum zu rücken.

Der Autor

Pater Bernhard A. Eckerstorfer OSB, geb. 1971 in Linz. Studien der Geographie und Theologie in Salzburg, Wien und den USA. Promotion über amerikanische Theologie. Zivildienst bei der Caritas. 2000 Eintritt ins Benediktinerstift Kremsmünster, 2001–2003 Spezialstudien der monastischen Theologie in Rom, 2005 Priesterweihe, danach Novizenmeister sowie Unterrichtstätigkeit am Stiftsgymnasium, an der Katholischen Privatuniversität Linz und an der Universität Salzburg. Seit 2019 ist er Rektor Päpstlichen Athenäums *Sant'Anselmo*, der internationalen Benediktinerhochschule in Rom. In Vorträgen, Publikationen und Lehrveranstaltungen beschäftigt sich Pater Bernhard Eckerstorfer besonders mit der Kirche und dem Mönchtum in der heutigen Welt.

Nachhaltige Produktion ist uns ein Anliegen; wir möchten die Belastung unserer Mitwelt so gering wie möglich halten. Über unsere Druckereien garantieren wir ein hohes Maß an Umweltverträglichkeit: Wir lassen ausschließlich auf FSC®-Papieren aus verantwortungsvollen Quellen drucken und verwenden Farben auf Pflanzenölbasis. Wir produzieren in Österreich und im nahen europäischen Ausland, auf Produktionen in Fernost verzichten wir ganz.

Mitglied der Verlagsgruppe „engagement"